高职院校学校管理理论与实践研究

高　兵◎著

武汉理工大学出版社
·武　汉·

内容提要

本书以高职院校为研究对象，紧扣我国当前高职院校教育发展的形势与政策，对高职院校管理的各个层面作系统阐述，既有理论方面的探讨，也有实践方面的尝试。具体内容包括：高职院校教学质量管理、学生管理、教师队伍管理、财务管理、校园管理、信息化管理等。此外，本书还创新性地提出了高职院校的法治化管理，旨在提升高职院校师生的法律素质，完善高职院校的法治化建设工作。本书内容丰富，分析透彻，启示性强，对高职院校管理者以及同类型高职院校管理工作具有学习和参考价值。

图书在版编目 (CIP) 数据

高职院校学校管理理论与实践研究 / 高兵著 . — 武汉 : 武汉理工大学出版社 , 2023.12

ISBN 978-7-5629-6971-6

Ⅰ . ①高… Ⅱ . ①高… Ⅲ . ①高等职业教育－学校管理－研究－中国 Ⅳ . ① G718.5

中国国家版本馆 CIP 数据核字（2023）第 253891 号

责任编辑：柳亚男

责任校对：尹珊珊　　**排　　版**：任盼盼

出版发行：武汉理工大学出版社

社　　址：武汉市洪山区珞狮路 122 号

邮　　编：430070

网　　址：http：//www.wutp.com.cn

经　　销：各地新华书店

印　　刷：北京亚吉飞数码科技有限公司

开　　本：710×1000　1/16

印　　张：14.75

字　　数：234 千字

版　　次：2025 年 1 月第 1 版

印　　次：2025 年 1 月第 1 次印刷

定　　价：89.00 元

凡购本书，如有缺页、倒页、脱页等印装质量问题，请向出版社发行部调换。

本社购书热线电话：027-87391631　87664138　87523148

前言

在市场经济环境下，高职教育的作用和地位日益凸显。国家对于职业教育的重视，促进了高职院校迅速发展，各种高职院校陆续出现，学生的选择也越来越多了。高职院校在为社会培养高素质的专业型人才方面发挥着重要的作用，但是高职院校在发展的过程中仍然存在一系列的问题，影响了其教学水平的提高，其中最受社会关注的是高职院校的管理工作。本书深入分析了高职院校现阶段在管理工作中存在的主要问题，据此提出相应的优化策略。

在多元化的发展趋势下，国家对于高等职业教育的重视程度是前所未有的。提升管理水平是促进高职院校发展的现实要求，是提高人才培养质量的重要保障。近年来，高职院校依法治校意识日益增强，管理制度不断完善，管理工作得到普遍重视。但是，与加快推进依法治教和治理能力现代化的新要求相比，高职院校在管理理念、能力和信息化水平等方面仍有差距。高职院校管理工作作为高职院校开展教学工作的一项重要内容，在开展过程中要明确现阶段管理工作中存在的主要问题，并通过制定和完善相关的管理体系来提高管理的能力和水平。要全面贯彻落实《国务院关于加快发展现代职业教育的决定》，落实国家有关职业教育各项决策部署，发挥管理工作对职业教育改革发展的推动、引领和保障作用，全面提高职业院校管理规范化、精细化、科学化水平。此外，还可以通过完善管理体系来提高管理工作的有效性，在高职院校中形成良好的管理氛围，以此来为教学工作的顺利推进提供相应的制度保证。

本书共分为八章。其中第一章论述了高职院校管理相关理论及发展趋势，包括高职院校管理的理论基础、基本原则及管理内容构成体系、发展趋势等；第二章针对高职院校体制管理、教学方法与教学环境创设及优化问题进行了探讨；第三章研究了高职院校教学质量提升管理问题，提出了加强高职院校教学质量管理的渠道措施；第四章研究了高职院校教师队伍的激励机制以及教师的考核和培训工作；第五章指出要加强高职院校学生的教育和培养，提高对学生的思想管理和学习激励，并探讨了新时代高职院校学生管理工作的新方向；第六章对高职院校的教学信息化管理进行了研究，包括信息化教学资源建设与平台打造和信息化教学模式等；第七章分别对高职院校财务管理现状、财务管理主要内容、财务管理的创新进行了分析和探讨；第八章则对高职院校法治文化建设管理问题进行了有针对性的研究，分析了新时代高职院校学生法治意识的现状，指出要培养学生的法治意识，并要推动高职院校校园法治文化建设的践行落实。

本书在写作过程中参考了众多专家学者的最新研究成果，在此表示诚挚的感谢！由于时间和精力的限制，再加上水平有限，内容难免存在疏漏之处，恳请广大读者予以批评指正，以便后期修改完善。

作　者

2023 年 9 月

目　录

第一章

高职院校管理理论及发展研究

第一节　高职院校管理的理论基础

作为人的一种理性行为,管理是人类社会独有的一种现象。随着社会的不断发展与知识经济的迅猛发展,哲学家、社会学家、法学家、教育家以及心理学家等,都对人类社会的管理现象与实践经验进行了深入的探索与研究。由于其出发点与知识背景等方面的不同,导致其管理理论也千差万别。这些管理理论对我国学校的管理产生了极为广泛、深远的影响。本节内容主要对教学管理的理论基础进行概要的论述。

一、科学管理理论

1911 年,美国著名管理学家弗雷德里克·温斯洛·泰勒(Frederick Winslow Taylor)出版了《科学管理原理》一书,这标志着现代管理理论的形成。《科学管理原理》一书中的内容奠定了科学管理的理论基础,泰勒也因而被称为“科学管理之父”。

(一)科学管理理论的基本观点

对泰勒的科学管理理论进行综合分析,我们可以将其核心观点总结为以下几点:

第一,进行科学管理的目的与中心是为了提高劳动生产率。每一项工作的每一项要素,都应提出最佳的操作方法,并以此代替旧的经验方法。

第二,将计划职能与执行职能分开。泰勒认为,“要一个人在机器旁劳动,同时又在办公桌上工作,事实上是不可能的”。基于这一考虑,泰勒提出了管理者应与劳动者相分离的观点。

第三,要想提高劳动生产效率,必须科学地选出一流的工人作为每个岗位的“排头兵”。与此同时,工人还必须掌握标准化的操作方法,使用标准化的工具、机器与材料,从而使工作环境标准化。

第四,所有的工作方法都必须通过相应的考察,并由管理人员来决定。管理者的所有管理行为都应采用科学的方法。此外,管理人员还必须与工人进行紧密的合作,以保证所有的工作都能够按照已建立的科学原则进行。

第五,运用科学的方法对生产过程进行观察与实验,并测定各项作业所需的时间,如进行动作分析、时间分析,并规定出高度标准化的工作程序与相关的操作方法。从而在这个基础上提出工时定额原理,并进一步规定一定时间应完成的劳动定额。

第六,监督制度不仅能够保证对生产与雇员的行为有更紧密的控制,同时还能保证生产工人与高层管理人员之间的沟通。

第七,泰勒主张实行有差别的计件工资制度。具体来说,就是在对劳动定额进行科学确定的基础上,实行富有刺激性的级差计件工资付酬制度,以此激发工人的积极性,提高劳动生产率。例如,可以对超额完成工作定额的人支付正常工资的125%,以示鼓励;而完不成工作定额的人只支付正常工资的80%,以示惩罚。

(二)科学管理理论对教学管理的影响

科学管理理论最早是在工矿企业的管理实践中得到应用,并很快在教学管理中发挥其效用。1913年,在美国教育联合会视导分会的年会上,新泽西州牛顿学区视导员弗兰克·斯鲍尔丁(Frank Spaulding)报告了他自己是怎样把泰勒的管理概念运用到牛顿学区制度中的,并细致分析了泰勒的科学管理理论的优点。除此以外,斯鲍尔丁还将泰勒的科学管理方法运用到经济计划、财政以及关于教育消耗的控制上,并进一步指出,提高教育效率的关键在于对教育消耗的控制。斯鲍尔丁指出,学校组织的总体效率与工作人员的生产率之间有着直接相关性,因而可通过对教师工作任务的分配、教学支出的调整来进行合理控制。

芝加哥大学的富兰克林·博比特教授将泰勒的管理理论应用到了教学管理实践之中。博比特认为,学校管理者如果要以泰勒的科学管理理论指导自身的工作,就必须深入研究泰勒制这种有效管理形式的基本原则,同时还要弄清楚运用于教学管理与指导问题的可能性。除此以外，博比特还指出，要真正提高学校行政工作的效率，就必须从以下几方面做起：其一，应确定学校“产品”的理想标准；其二，教师还必须具备一定的资格与工作准则；其三，必须对学校的“生产方式”与程序进行相应的规定。这是泰勒的科学管理理论在教学管理方面的具体反映。

到了 20 世纪 30 年代，泰勒的科学管理理论受到了一些学者的批判并逐渐衰落，但其对于人类管理的理论与实践的影响力却并没有因此而减弱。泰勒的思想进一步深入到了法约尔、古利克、厄威克及蒙雷等提出的管理过程理论中。

二、一般管理理论

1916 年，法国科学管理专家亨利·法约尔（Henri Fayol）出版了《一般工业管理》一书。法约尔因此成为管理史上第一个明确提出并阐述一般管理理论的人。法约尔从宏观角度出发研究企业内部的管理，从经营职能中进一步分离出管理活动，并总结出能够用于不同类型企业的一般管理原则，即管理活动的五大职能：计划、组织、指挥、协调与控制。法约尔指出，管理并非少数人的特权或责任，而是贯穿于整个组织活动过程中的。因而，每个人在一定程度上都参与管理，其责任与参与程度是随着个体在等级制中的升级而逐渐增加的。法约尔的一般管理理论与泰勒的科学管理理论有着明显的区别。对法约尔的一般管理理论进行综合分析时，我们可以将其核心内容概括为以下几个方面：

第一，管理活动主要有五项基本要素，这也被称为管理活动的五种一般职能，即前面所提到的计划、组织、指挥、协调与控制。这五种职能共同构成了一个系统的管理过程。

第二，法约尔还概括出了十四条可以应用于一切事业的管理活动的相关的管理原则，其分别为：劳动分工、权限与责任、纪律、统一命令、统一指挥、个别利益服从整体利益、职工的报酬、集权化、等级链、秩序、公平、稳定人员、首创精神、集体精神。法约尔的十四条原则对教学管理也具有非常重要的指导意义。

第三，区分了“经营”与“管理”，并认为企业的全部活动有六种：技术活动、商业活动、财务活动、安全活动、会计活动、管理活动。

第四，对高层与基层管理人员的能力的要求应有所差异，其阶层越高，管理职能的比重越大，对管理能力的要求也就相应越高。

古利克与厄威克进一步完善了法约尔的一般管理理论。他们指出,管理的最基本的原理是劳动分工,分工专业化水平越高,其效率就越高;一个独立的部门可以运用主要目标、主要过程、服务对象与地点这四个因素对职位进行分组,并以此确定职位。

三、人本主义的管理理论

人本主义思想最早可追溯至古希腊,形成于文艺复兴,在启蒙运动时期得到了较大的发展,之后在现代社会中得到了不断的完善。随着人本主义的不断发展完善,其逐渐开始深入到管理学当中,并形成了人本主义的管理理论。该理论在20世纪30年代最先以“人际关系理论”的形式开始,后经过进一步发展,最终以“人力资源理论”的形式广泛运用于各项管理活动之中。人本主义管理理论在教学管理方面有着深远的影响,本书在这里将对这一管理理论进行简要的阐述。

(一)人际关系理论

在1922—1932年期间,人际关系理论的主要代表人物乔治·埃尔顿·梅奥(George Elton Myao)在美国西方电气公司芝加哥霍桑工厂进行了一系列有关人类行为的实验,这一系列实验又被称为“霍桑实验”。霍桑实验主要以研究心理因素与社会因素对工人劳动过程的影响为主,人际关系理论也就是在这个实验的基础上所形成的。

霍桑实验总共分为四个阶段:第一阶段为照明实验,第二个阶段为福利实验,第三个阶段为访谈实验,第四个阶段为群体实验。梅奥在霍桑实验的基础上撰写了《工业文明的人性问题》一书,该书系统地论述了人际关系学说,并奠定了行为科学的基础。总而言之,梅奥人际关系理论主要有以下几个核心观点:

首先,每个人的行为都具有复杂性。从现实角度来看,人的行为既有合乎逻辑的,也有不合逻辑的,因而管理人员并不能简单处理。

其次,个人的工资、工作条件与生产率之间没有必然的直接联系。人是社会中的人,每一个职工并不是孤立存在的,而是作为群体成员存在,其属于一种社会存在。

再次,每个人都生活在一定的群体之中,群体行为对个体有很大的影响。群体可以分为正式群体与非正式群体。管理人员对于这两种形式的群体都应给予相应的注意。

最后,在现代组织中,个体不仅要有工资的增加,同时还需要友谊、情感、安全、归属感与尊重。因而,组织必须满足个人的这种社会需要。

根据梅奥的人际关系理论,学校管理者必须正确对待教职员工,其不仅要充分尊重教职员工,同时还要与他们进行适当的沟通。与此同时,还必须注意增强管理者的民主管理思想,从而让每一位教师都能够通过一定的方式参与到教学管理中。

由于人际关系理论过分强调个人的社会需要,对工作的责任感没有足够的重视,并且割裂了完成工作任务与满足个人需要之间的关系,再加上其可行性与操作性都较差,因而受到学术界的批判。

(二)行为科学管理理论

在梅奥的人际关系理论问世以后,越来越多的社会学家、心理学家与人类学家开始运用多学科协作的办法来研究人的行为与原因,研究如何调动人的积极性才能提高工作效率,并在此基础上形成了行为科学派。具体来说,行为科学管理理论的观点主要是对三个问题的研究:其一,人性问题;其二,人的需要、动机与激励问题;其三,领导行为问题。其具体内容如下所述。

1. 人性问题

客观来说,人类社会中的任何管理活动都是由管理者与被管理者双方共同完成的。在管理过程中,首先要真正弄清楚什么是人,然后才能进一步考虑用什么方式影响人。在行为科学管理理论中,人并非“经济人”,而是“社会人”。

2. 人的需要、动机与激励问题

人具有感情、理智、欲望与需要。科学管理理论认为,人的行为主要是由动机支配的,人的动机则是由其需要所引起的。因此,想要调动人的积极性,就必须提高管理的效率,其关键在于满足人的需求。美国社会心理学家马斯洛针对人的需要提出了“需要层次说”。马斯洛认为,人的需要可以分为五个层次:由低到高依次为生理需要、安全需要、社

交即感情和归属的需要、尊敬的地位与得到承认的需要、自我实现的需要。具体来说，只有在满足了低层次的需要后，才会出现高一层次的需要。

在管理活动中，要想提高人们的工作效率，管理者的管理行为就必须适应行为科学的激励理论。

3. 领导行为问题

领导者是群体管理活动中的重要角色。一般来说，领导者的行为会对群体成员的行为产生较为明显的影响。行为科学管理理论研究者就不同领导行为对管理效能的影响这一问题进行了相应的探讨。他们认为，在管理工作中，领导者必须关心人与工作，将以人为中心，与以工作为中心结合起来。

行为科学管理理论试图将组织与个人统一整合起来，这样一来更符合组织管理的工作实际。在教学管理过程中，管理者必须将学校的教育目标与学生的发展目标相统一；既要善于分析、研究教职工和学生的需要层次与结构，同时还要改善学校内部与外界的人际关系；学校管理者要不断扩大领导者集体的影响力；管理者还应注重教职工群体或个人对决策的参与、合作与计划等。

四、组织管理理论

德国社会学家、经济学家韦伯提出了组织管理理论，被称为“组织管理之父”。韦伯管理理论的重心在于组织制度的科学化与体系化。韦伯指出，任何一个组织都必须以某种形式的权力作为基础，才能实现个体的目标。① 与此同时，韦伯还对人们崇拜上帝而获得的神授权力与世袭而获得的传统权力进行了深刻的批判。他指出，这两种权力在本质上都属于非理性的，且不能作为理想组织体系的基础，只有建立在法律基础上的行政组织权力才是合理、合法的。

韦伯对组织、权力与领导等一系列问题进行了全面且系统的探讨。在《社会和经济组织的理论》一书中，韦伯指出，过去的组织是以传统权力与魅力权力这两种权力类型为显著特征的。其中，传统权力是由继承

① 高健磊 . 新时期高校管理与发展路径探索 [M]. 北京：中国政法大学出版社，2021：23.

而来，建立在对古老传统的神圣性以及行使权力的职位的合法性的信念上；魅力权力则来自个体超凡的个性品质，建立在人们对其神圣性、英雄主义或模范品格的忠诚之上。在现代社会中，“法治权力”逐渐开始取代这两种权力。理性是“法治权力”的基础。具体来说，韦伯的组织管理理论主要包括以下几个核心观点：

第一，任何组织都必须以某种形式的权力作为基础。权力不仅能够克服混乱，建立秩序，而且还能使组织达到目标。理想的行政组织模式应当是建立在理性与严格法规基础上的职位、职权与职责系统。只有使组织体系具有准确性、稳定性、纪律性、可靠性，才能使工作效率得到提高。

第二，在组织中，人与人之间的关系并非个人感情关系，对组织内各成员只讲理性（制度要求、纪律、原则），而不讲感情。

第三，不同人员的职责、权利、义务、工资、奖罚等都应严格按照明文规定来执行。

第四，组织作为一个金字塔形的“层峰结构”，应将其组织内部分为自上而下的等级，其中每个等级都承担不同的职务、责任与权力。

与科学管理理论以及一般管理理论相比，组织管理理论对教学管理的影响更为深刻。客观来说，学校组织的许多特征与韦伯的组织管理理论的契合度更高。具体来说，其表现为以下几个方面：其一，学校组织的理性化程度较高；其二，学校内部存在着明确、严格的纪律与规章制度；其三，学校中的教职员工是根据自己的职务、责任、工作量领取工资；其四，学校组织具有分工的专业化特点；其五，学校中的员工主要是基于技术能力与成员的职业生涯。

根据韦伯的组织管理理论我们可以看出，要想提高学校的管理效率，就必须在学校建设工作中保证学校组织管理体系的程序化与规范化。但是，由于学校组织本身的特殊性，教师与学生之间的关系并非韦伯理论中所提到的等级式，学校组织内部往往会存在一些管理人员与教师、学生之间的矛盾与冲突。出于这一方面的考虑，韦伯的组织管理理论遭到了学术界许多学者的批评，但它迄今为止依然对学校的管理有着重要的影响。

第二节 高职院校管理的基本原则

所谓高职院校管理原则,就是指人们在高职院校教育教学管理活动中所应当遵循的行为准则和基本要求。高职院校管理原则既来源于人们对管理活动规律和客观属性的认识,同时也来源于人们对管理实践经验的总结和概括。高职院校管理原则与管理规律具有密切的关系,其同时又具有本质上的不同。具体来说,管理规律是客观的,其存在不会以人们的意志为转移。无论人们认识或者未认识、发现或者未发现,管理规律都是客观存在的。因此,对于管理规律,人们只能去发现它、认识它、利用它,而不能人为地去创造它或消灭它。相比之下,高职院校管理的原则是人们按照对管理规律和特性的认识而主观提出、人为制定的,其属于一种人的主观产物。这也就是说,人们提出或者制定了什么样的管理原则,在学校的实际管理工作中就存在什么样的原则。至于人们提出或制定的管理原则是否合理、是否科学,关键是看其能否如实地反映管理活动规律,以及能否符合人们对管理活动的价值需要。

在当今学术界,学者们关于高职院校管理原则的具体内容还存在一些不同的看法,并且将其概括成了不同条目。之所以会出现不同的看法,一方面说明管理原则涵盖的内容范围非常广泛且复杂,另一方面也说明人们概括的角度、层次、视野等存在着很大的差异性。结合我国当代的高职院校的管理实践,我们认为,应当重点突出,坚持系统有序、能级分明、动力激发、弹性灵活、反馈调节、依法治教等当代高校管理的基本原则。

一、系统有序的原则

高职院校管理的系统有序原则是根据管理学领域的系统性原理所提出的。管理学中的系统性原理重点揭示了管理对象领域中系统与环境、要素与要素之间的必然联系。系统是由若干个相互作用、相互依赖的要素结合而成的、执行特定功能的、达到特定目的的有机整体；同时，系统具有相关性、结构性、整体性、目的性等客观属性。按照系统性原理，当代高职院校管理活动应当坚持系统有序的原则，即一定要有系统思维，统筹观念，并且要按照系统的相关性、目的性、整体性和结构性等属性开展高职院校教学管理工作。从客观角度来说，任何管理对象领域都可被看作是一个系统。在高职院校管理中贯彻系统有序原则，应当做好以下几点。

（一）明确办学宗旨、培养目标

从本质上来说，任何系统都具有其特定的功能。对于一所学校而言，作为一个由学校管理者、教师、学生、教学设施、教学内容等多种要素结合而成的社会系统，其存在的价值集中体现为人才培养的基本功能。在高职院校管理工作中，如果偏离了这一功能，就会丧失学校作为一个独立的社会系统所存在的价值。

如上所述，在高职院校管理中贯彻系统有序原则，首先要紧密结合学校培养人才这一基本目标和功能，在此基础上开展各项工作。在学校的发展过程中，学校管理者对人力、财力、物力、时间、空间等各种办学资源的配置，对学校内部各种组织机构的建立及其职责的确定，对德育、智育、体育、美育、劳育以及总务、后勤、人事等各项工作的管理与要求，都要紧密围绕着提高人才培养质量这一根本目的来运行。

在高职院校管理工作中，还必须树立全局观念，全面规划，统筹兼顾。具体来说，学校管理者要从系统的整体性和相关性出发，在处理每一个局部问题时，都要做到统筹兼顾，既见树木，又见森林，而不能拆东墙补西墙，顾此失彼。在拟定和实施任何一项管理措施时，都必须考虑到“牵一发而动全身”的整体效应。在制定管理决策和计划之时，不但要考虑到眼前效益，也要具有长远的战略眼光，防止因过于注重近期效益而忽视长远效益，因局部优化而损害整体优化的情况发生。

当前，还是有很多学校不注重“前人栽树，后人乘凉”的长远工程，甚至不惜以牺牲长远利益来满足当下利益。这样的高职院校管理理念和行为，显然是有悖于系统有序原则的，不利于学校的可持续发展。因此，必须对这种行为进行坚决的抵制。

（二）注意系统整体优化

系统是由要素组成的。系统的功能不等于组成它的诸要素功能的机械相加，且系统的总体功能大于各要素功能相加之和。若干个要素在组成了一个系统之后，系统便具备每一个单个要素所完全不具备的新特质和新功能。

对于一所学校来说，各要素的局部性能越好，其整体性能往往也就越好。但是，这并不是绝对的。当要素局部功能的发挥超出了系统的总体要求时，就可能会影响到系统的整体优化。这就意味着，在高职院校管理工作中贯彻系统有序原则，必须注意学校系统的整体优化。只有当学校各部门、各成员的工作密切配合的时候，才能够取得学校全局工作的成功。如果学校内部的各部门、成员都注重本位主义，只顾本部门的利益和个人利益，完全无视学校的利益，就容易出现部门之间各自为政，甚至相互防范、拆台的现象。在这种情况下，学校的整体工作必然会乱套，其培养人才的功能也将不能得到很好的实现。

二、能级分明的原则

能级分明原则是依据管理学的能级性原理提出的。其中，能是指事物做功的本领；级是指不同事物做功的大小层次级别。客观来说，一定的管理结构必然是由不同层次、不同能级的要素所组成的复杂系统。在这样的系统中，每一个要素都根据其本身的特性而处于不同的地位，以此来确保系统结构的稳定性和有效性。依据能级性原理所提出的能级分明管理原则，要求管理者要把本系统内的人力、财力、物力等管理要素和机构、法人等管理手段，按照其能量的大小进行明确分级，从而使各要素、各手段动态地处于相应的能级岗位之中。在此基础上，还应当制定出每个能级岗位所对应的行动规范和操作标准，从而建立管理系统的稳定结构，进而确保系统整体目标的实现。

将管理学的能级性原理应用于当代高职院校管理活动中，要求在管理实践中遵循能级分明的原则。对于一所学校而言，在贯彻能级分明原则时，必须从以下几个方面做起。

（一）建立能级分明的管理组织结构

为了保证高职院校管理活动的顺利开展，教学管理组织结构应当是一个能级层次明确的“上锐下宽”的金字塔结构。一般来说，高职院校管理组织结构的整体可以被分为四个能级层次：领导层、管理层、执行层、操作层。其具体如下所述：

（1）领导层。教学管理组织结构的领导层通常由校长、书记等校级领导成员构成，也被称为决策层。具体来说，教学管理组织结构的领导层的主要职能就是对整个学校的教育方针、目的等宏观层面进行决策和指挥。

（2）管理层。教学管理组织结构的管理层主要包括政教处、教导处、总务处等中层管理层及其管理人员。一般来说，教学管理组织结构的管理层的主要职责通常是通过开展组织、协调等活动以实现领导层的宏观决策意图。

（3）执行层。教学管理组织结构的执行层则主要由教研组、年级组、班级等构成。具体而言，教学管理组织结构中执行层的主要职责是贯彻落实各项指令，具体组织、实施教育教学活动。

（4）操作层。教学管理组织结构的操作层是由全体教师所构成的，也被称为基础层。他们的主要职责是完成各项具体的教学工作任务。

在高职院校管理实践中，教学管理组织结构除了上述这种正三角形结构之外，还有其他一些结构，如梯形结构、菱形结构以及一条横线形的结构等。但是，这些都属于能级层次不合理、稳定性较差的教学管理组织结构。梯形结构说明决策层存在着多头领导，容易出现各自为政、群龙无首的局面；菱形结构说明底层操作人员少，而中间管理人员多，属于典型的机构臃肿；一条横线形结构则说明没有能级层次和结构，完全属于一盘散沙，乌合之众。因此，贯彻能级分明原则要在学校建立金字塔形状的教学管理组织结构。除此以外，还必须设置好每一能级层次的管理跨度。具体来说，如果管理跨度过小，就可能出现管理人员过多、人浮于事的局面；如果管理跨度过大，则容易造成管理人员任务过重，无法管理、调控的现象。

（二）对于不同的能级岗位授予不同的职、权、责

在高职院校管理组织结构中，不同能级岗位的职能不同，贡献大小不同，对其所赋予的职、权、责以及应享受的物质利益和精神荣誉等，也就应当有所区别。这是在教学管理实践中贯彻能级分明原则十分重要的一点。从学校发展的现实角度来说，如果能级岗位层次不同，而职、权、责、利等却没有任何区别，则必然引起教学管理工作的混乱。由此我们可以看出，让学校中不同能级岗位的人员“在其位，司其职，行其权，负其责，取其酬，获其荣，惩其误”，是贯彻能级分明原则的关键所在。

（三）保持教学管理系统内人员的合理流动

在高职院校管理工作中，管理者必须认识到，人的才能和素质总是处在不断地发展变化之中的，管理能级岗位对人的素质要求也在持续发生着变化。因此，必须保持高职院校管理系统内人员的合理流通，使不同的成员在动态过程中能够较好地适应其所处的能级岗位。由此可见，在教学管理组织结构中，需要不断增强教学管理系统吐故纳新、新陈代谢的能力。

（四）知人善任

学校中有不同的能级岗位，每个教职员工之间也存在着能量大小和才能特长方面的差异。因此，贯彻能级分明原则，就是将具有不同能力和才能特长的人尽量配置到与其相适应的能级岗位上。具体来说，可以把能力较强的人放置到能级层次较高、较为重要的工作岗位上，使其所承担的工作任务与其能力相匹配、相适应。例如，在教学任务的分配上，可以将那些业务水平高、教学效果好、职称较高的教师分配到相对重要的教学工作岗位上。对于一些新教师，则可以让他们承担一些相对较为次要的教学工作。

除此以外，在高职院校管理实践中还要注意用人之长、避人所短。按能级分明的原则用人，尽量做到人尽其才。例如，有些教师的科研能力较强，组织管理能力较弱，学校就应当多给他们安排科研任务，少安排一些组织管理方面的工作。

三、动力激发的原则

动力激发原则源自“以人为本”的教学管理规律，其也称为调动人的积极性原则。从本质上来说，在教育管理特别是教学管理的诸多要素中，教师是最为活跃、最为积极、最为根本的因素，教师积极性的发挥程度与教学管理活动的动力和效益呈正相关。因此，在办学的过程之中，学校管理者必须牢固地树立以教师为本的思想，最大限度地调动教师的积极性，以便激发他们在教育、教学、管理等工作中的能动性、创造性。行为主义理论认为，人的积极性或者行为动力通常来自人类的三大基本需要，即物质需要、精神需要和信息需要。所以，要调动教师的积极主动性，也就需要充分地激发广大教师的物质动力、精神动力和信息动力。①

（一）激发教师的信息动力

一般来说，教师掌握的信息越多，其工作的动力往往也就越大，工作成效也就越好。在人类社会中，教师作为知识的传播者和再生产者，如果他们不能够及时、大量地获取各种新知识和新信息，那么其素质就很容易逐渐退化，能量就会逐渐衰竭，继而不能发挥“传道、授业、解惑”的功能。

物理学观点认为，任何物质的能量都存在“熵”的现象。这也就是说，一切能量都是不可避免地以一定速度在消耗着。例如，煤球被扔进火炉里，其能量总是要被消耗尽的。因此，要确保物质能量的持续，就必须要不断地输入“负熵”。物理学中关于熵的观点非常符合教师劳动的职业特点。教师的知识也存在着“熵”的现象，即知识会逐渐陈旧。从本质上来说，这种知识的陈旧过程就是教师能量衰减的过程，为了保证教师的能量持续，就必须不断地输入“负熵”。具体而言，就是要让教师不断地学习新知识，掌握新信息，获得新技能。这一过程实际上就是给教师“充电”、发挥教师信息动力的过程。在当今“知识爆炸”“知识折旧率加快”“信息量倍增”的信息化和学习型社会时代，要做到这一点尤为重要。

---

① 金玲芬，虎志辉．完善教学管理制度 更新教学管理理念[J]．教育教学论坛，2020（22）：13-14．

在高职院校管理活动中，想要充分发挥教师的信息动力，就需要从以下两个方面做起：

一方面，要建立健全能够使教师及时获取各种知识、信息的平台与渠道，如网络建设、图书资料建设、实验仪器设备建设等，还要有目的、有计划地组织教师开展必要的进修、学习和深造等活动。

另一方面，要通过思想教育等手段，激发广大教师的求知欲，使他们追求真理，渴求知识，热爱科学，坚持学习。

（二）激发教师的物质动力

教师是知识分子，但其同时也是人，其有维持衣、食、住、行等最基本的物质需要。满足这种基本的物质需要是调动教师积极性最为基本的动力所在。假如在教学管理工作中，连教师最为基本的物质需要都不能给予保障和满足的话，那么调动教师的积极性也就会完全成为一句空话。

20世纪80年代初期至90年代后期，我国高职院校教师队伍中教师“跳槽”“流失”的现象较为严重，其中一个重要的原因就是教师的收入水平太低、经济待遇太差。

进入21世纪后，我国高职院校教师队伍趋于稳定，这与国家积极改善教师工资待遇的政策有着密不可分的关系。21世纪初，北大、清华两所院校率先在本校实行教师岗位津贴制度。其后，全国许多高职院校纷纷效仿，使高职院校教师岗位津贴制度成为一项虽无国家文件明确规定，却被约定俗成、普遍实施的高职院校内部分配制度。根据这种高职院校教师岗位津贴制度，我国高职院校教师在原有的国家工资之外，又额外增加了一笔收入，收入水平得到了显著的提高，较好地改善了其生存状况。与此同时，大学教师的社会地位和职业声望也得到了大幅提高。高职院校教师岗位津贴制度的实施有效地推进了高职院校师资队伍建设工作，将大量优秀人才吸引和稳定在各级各类教师岗位上，使高职院校教师队伍的士气得到了鼓舞，充分地调动了广大教师的工作积极性。

需要指出的是，在学校内部管理方面仍然存在着如何激发教师物质动力的问题。例如，当前大多数学校都存在校内岗位津贴发放制度。在校内津贴发放的办法之上，要想充分激发教师的物质动力，就需要对教师的物质报酬与教师的劳动绩效紧密挂钩,真正体现“多劳多得”“优劳优酬”和“生产要素参与分配”的原则。

学校在发放校内津贴或酬金时,也要注意到刺激量的概念。假设一所学校年终有15万元的总奖金额,共有教职工200名。如果将10万元的奖金分为400元、500元、600元三个等级普遍发放,那么即使工作最差的教师也可得到400元的奖金;而工作成绩最突出的教师,也只能获得600元的奖金。根据这种奖金分配方式,15万元奖金的实际刺激量就只有200元(即600元减去400元)。这样小的刺激量通常难以真正起到促进和激发教职工物质动力的作用。假如将15万元的奖金设置成只有最突出的前15名教师才能获得,按每人1万奖金的方式来发放的话,那么在全校200名教职工中就只有15个人才有获得奖金的机会。在这种奖金发放制度下,虽然奖金的刺激量是很大、很有诱惑力,但很可能导致许多教师因为获奖的概率过小从而放弃努力。因而,这种奖金发放制度难以起到大面积调动教师积极性的作用。由此,我们可以看出,在发放校内津贴或奖酬金的问题上,必须合理地把握好刺激量大小的度。这是需要学校管理者悉心研究、仔细琢磨的问题,也是校内津贴或奖酬金能否切实发挥激励教师物质动力的作用的关键。

(三)激发教师的精神动力

教师作为社会中的一员,其不仅有物质方面的需要,同时也有精神方面的需要。根据马斯洛的“需要层次理论”可知,当人的“生理”和“安全”需要获得满足之后,人就会产生“社交”“尊重”和“自我实现”等精神需要,而这也是由人的社会本性所决定的。教师作为人类灵魂的工程师,在传承文明、启蒙智慧、培育人才等方面,更加注重精神方面的追求和满足。从这个角度来看,在当代教学管理活动中,调动和激发教师的精神动力有着十分重要的意义。

从根本上来说,教师的精神动力来自对教书育人工作的责任感和使命感,来自他们对党的教育事业的忠诚信念,来自对教育、教学工作本身的兴趣和热爱,来自对学生的关心、爱护和人道主义的良心、道义,也来自教师在做好本职工作过程中所获得的精神鼓舞与奖励,如领导赏识、荣誉表彰、同行尊重、学生爱戴以及个人自我价值的展示与实现等。在教学管理活动中,发挥教师的精神动力,就是要善于从激发和满足教师的上述精神需要入手。

结合我国高职院校教育事业发展的现状,各级各类学校在激发教师精神动力时,要重点做好以下几个方面的工作:

第一,高职院校管理者要坚持“以人为本”,真正做到尊重、关怀和理解教师。在对教师的管理工作中,要力求凸显人性化特点,体现人文关怀。在高职院校管理实践中,学校管理者在与教师接触时,应当做到平易近人、虚怀若谷、坦诚相待,切忌面孔冷漠、官腔官调、架子十足等管理风格。总而言之,在教学管理中,学校管理者应当想方设法营造一个和谐、民主、平等、友善、团结的校园文化氛围。

第二,在高职院校管理工作中,可以适当地实施一些必要的精神奖励,如评先选优、荣誉表彰、提职晋级等,增强教师的荣誉感和上进心,形成良性竞争机制。

第三,要通过加强思想教育,切实增强广大教师的责任感和敬业精神。

第四,要切实关心和帮助教师解决各种实际问题,如住房改善、医疗保健、子女入托以及教师的身心健康等方面所存在的问题。如果问题确实难以解决,则应当耐心地做好解释、说服和教育劝导工作。

在高职院校管理活动中,必须坚持动力激发的原则。客观来说,动力和压力之间存在着一种微妙的联系。适当的压力在一定条件下能够转换为动力。压力可以分为正面压力和负面压力。正面压力是可以让人产生行为内驱力的一种心理体验,负面压力则是会让人产生紧张、焦虑、沮丧、愤怒以及挫败感的一种心理体验。负面压力不但不会增强人的行为动力,还会阻碍、抑制、衰减人的行为动力,使人感到心力交瘁、无所依傍,并且导致人在某些方面的能力出现退化,甚至导致人的健康状况越来越差。由此可见,高职院校管理者要正确处理动力管理与压力管理的关系,尽量对教师、学生等适当地施加一些正面压力,同时避免负面压力及其带来的消极影响。

四、弹性灵活的原则

高职院校管理工作中的问题,可能大多数都是千丝万缕、错综复杂的,而且其内部条件和外在环境皆处于动态变化之中。因此,在制定、实施任何一项教学管理决策或者措施的时候,都必须保持一定的弹性,以保证伸缩回旋的余地。唯有如此,才能使教学管理系统在动态运行中保持平衡和适应机制，以实现和达成既定的目标。

具体来说，可以把管理弹性分为两类，即整体弹性和局部弹性。所谓整体弹性，就是指整个系统的适应性和应变能力，其标志着一个系统在整体上的共振性和张力。所谓局部弹性，则是指在管理系统的每一个环节上都要保持可供调节、回旋的余地，尤其是要在一些重要的关键环节上保持充分弹性。简单而言，就是“大计划要有小自由”。

坚持弹性灵活的原则，在高职院校管理活动中有着十分重要的意义。其具体表现为以下几个方面：

其一，高职院校管理中的问题从来都不是单一因素的。在这种情况下，学校管理者对信息的获得不可能百分之百的准确，所作出的决策和所采取的措施，也不可能绝对准确无误、万无一失。这就要留有伸缩回旋的余地，以防过于极端。

其二，高职院校管理作为一种实践活动，必定产生一定的结果。一旦决策上出现失误而又没有补救措施和回旋余地，那么就会造成“一失足成千古恨”。所以，科学而有效的教学管理活动，一方面要做到缜密周全、慎之又慎；另一方面又要保持充分的弹性，在刚柔并济之中达到左右逢源、应对自如。

其三，高职院校管理对象总是处于不断地运动变化之中的。一些运动变化是能够预测的，有些则难以预测。针对这一实际情况，就需要在制定教学管理决策时留有一定余地和灵活性，以应对突如其来、意想不到的各种情况。

其四，高职院校管理对象主要涉及人，而人具有许多不确定的因素。人既有共性，也有个性。人的个性千差万别。人的复杂性决定了教学管理活动不可能机械僵化地按照一套模式去运行，而必须做到审时度势、见机行事、机动灵活、因人而异。

对于一所高职院校来说，要真正在管理工作中贯彻弹性灵活原则，就必须做好以下几个方面的工作。

（一）树立弹性管理理念

与其他领域的管理活动相比，教学管理活动具有周期长、见效慢、变量大、不确定等特点。出于这些方面的考虑，学校管理者在从事教学管理活动之时，必须时刻注意保持管理方法、手段和措施上的灵活性。具体来说，在经济管理活动中，一些刚性或者硬性的管理手段和措施可以直接运用，但在教学管理中就不一定适合。例如，下达明确的生产指标和任务并限期完成的管理方式，在企业管理中可实施，但却不适合在教学管理和科研管理上运用。又如，“任务承包制”可在企业管理中实施，但是就不适合在学校的教育教学活动中运用。由此我们可以看出，教学管理活动必须按照其自身的特点，采取较为弹性、灵活的管理方式。

（二）发挥积极弹性，克服消极弹性

在当前的教学管理实践中，有的学校领导为了使工作主动、留有余地，总结出了“留一手”的经验。这里所说的“留一手”，就是指在工作中将任务定少点、目标定低点、人员留足点、经费多报点，以便能够留有充足的余地和充裕的人力、物力、财力等资源来完成管理工作。[①] 事实上，这种做法属于管理活动中的消极弹性行为，学校管理者应当自觉地加以防范和抵制。在教学管理实践中，学校管理者应当充分发挥积极弹性的作用。所谓积极弹性，不是“留一手”，而是“多一手”，即多几种准备、多几分思考、多几套措施。

需要强调的是，实施弹性管理主要是为了提高教学管理工作效益，而不是要从部门利益或者个人利益出发进行教学管理活动。在教学管理的实践中，一些管理者的“疏者严、亲者宽”“戴有色眼镜”等处事做法完全违背了弹性灵活原则，其属于不良的管理作风和道德品质。

（三）把握好“弹性”和“刚性”之间的度

在教学管理工作中，管理者必须把握好“弹性”和“刚性”之间的度。具体来说，如果弹性过强而缺乏刚性，容易引发整个教学管理工作涣散，以至于出现无组织、无纪律、各自为战等现象。相反地，如果刚性过强而缺乏弹性，又容易造成教学管理工作中矛盾重重，甚至会出现“卡壳”“夭折”等现象，同时还容易导致整个教学管理系统缺乏生机和活力。

综上所述，我们可以看出，科学的教学管理必须做到刚柔并济、软硬

---

① 胡正明，何应林，方展画．优质高职院校建设理论与实践研究［M］．武汉：华中科技大学出版社，2019：74.

兼施,掌握好“弹性”和“刚性”之间的度。

（四）在管理方法上做到具体问题具体分析

对学校各项工作的管理,既要制定出明确的标准、严格的规章制度,同时在处理每一个具体问题时,也要注意做到因事、因人而异,因地、因时制宜,切忌教条僵化、故步自封。例如,在教学管理中,学校管理者的管理行为切忌“一刀切”“整齐划一”,但在对教师备课教案和讲稿的要求上,就应当将具有多年教学经验、轻车熟路的老教师与初上教学岗位的年轻教师区别对待。又如,在执行考勤制度时,就应将一些一心扑在教学上,但却因积劳成疾或某种客观原因而不得不缺勤、请假或迟到的教师与那些经常随意请假、旷课、迟到、早退的教师区别对待。学校管理者在处理此类问题时,切忌不分青红皂白地一致处理,否则就可能会挫伤一些教师的积极性。

五、反馈调节的原则

所谓反馈,就是指信息指令中心对输出的指令信息的执行情况的回收。客观来说,一个系统要维持其正常运转,就需要对其各个组成要素的运动情况随时加以协调与控制,从而完成协调与控制的基本条件。在教学管理活动中,想要较好地完成既定目标,就必须切实贯彻反馈调节原则。

在教学管理实践中,要想真正贯彻反馈调节原则,就必须有一个教学管理反馈机制。这就需要做到以下两点:

第一,要改变教育督导机构与同级教育行政部门之间的隶属或从属关系,使其机构、权力和责任能够相对独立出来,即从中央到地方建立起一个纵向垂直领导的教育督导体系。这样才能够确保各级督学或者督导机构的监督反馈职能可以真正得到发挥。

第二,要加强教育信息传递。当前阶段,我国各个高职院校都有一定的学术团队,专门进行教育科学研究。要贯彻反馈调节原则,这些团队就应当在发挥理论指导作用的同时,也注意进行教育信息搜集、整理、加工、过滤、反馈,并且向上级及时反映教育信息,从而发挥思想库、信息库的功能。

在高职院校管理实践中，只有建立健全反馈机制，才能保证反馈调节原则在教学管理活动中得到实际有效的贯彻。具体来说，应该从以下两个方面做起。

（一）学校管理者要广泛开展调查研究

对于高职院校管理者而言，其应当深入第一线，对基层情况进行深入细致的了解、勘查和调研，以起到对指令信息执行情况的反馈与监督作用。重视调查研究、深入基层，是我党的一贯优良传统。在当代社会中，这种优良传统非但不能丢弃，而且还应当得到进一步的巩固和强化。没有调查研究就没有发言权，这句话应当成为高职院校管理者所恪守的至理名言。在当代教学管理工作中，一方面，应当让开展调查研究成为广大教学管理干部严格的基本工作要求；另一方面，还应当使其以制度的形式固化下来，以便教学管理工作有章可循。

（二）加强民主管理

在高职院校管理活动中，通过发扬民主、广开言路，可以有效地起到积极反馈的作用。在现代社会中，世界上一些发达国家的企业管理者为了使决策方案能够在执行过程中得到不断的反馈、修订以及完善，提出了“参与管理”的策略，鼓励和提倡每一名职工都为企业提出合理化的建议。实行这种“参与管理”策略，一方面，可以在企业中建立起一种隐性的反馈机制，并通过这种反馈来及时掌握舆情，吸收众人智慧，使企业的各项决策方案和管理措施能够更加符合实际、准确无误；另一方面，还可以让职工通过参与企业决策活动来增强企业对职工的凝聚力和职工的自我实现感。在我国的社会主义条件下，教师是办学的主人。他们不但拥有参与教学管理工作的权利，同时也拥有监督教学管理工作的责任。由此我们可以看出，通过有效地发扬民主、广开言路，可以对教学管理工作起到有效地监督、反馈作用。

六、依法治教的原则

在高职院校管理实践中，必须按照党和国家制定的教育方针政策、法律法规等办事，需要恪守和遵循政府为开展教学管理活动所制定的各种法律规则，这就体现了教学管理工作中依法执教的原则。依法治教原则所涵盖的内容范围相对较为广泛，除了涉及对党的教育方针的遵循，涉及对各级政府所制定的教育政策、规章的遵循，涉及对国家立法机关所颁布的教育法律法规的遵循以外，同时还涉及各级各类学校如何制定校内管理规章制度，如何提高管理的规范化水平等。在当前阶段，我国高职院校在全面贯彻党的教育方针的过程中，应尤其注意以下几个方面的问题。

（一）坚持社会主义办学方向

在当前阶段，贯彻党和国家制定的教育方针的首要任务就是要坚持各级各类学校的社会主义办学方向始终不动摇。根据《中华人民共和国教育法》的要求，在我国境内举办的各级各类学校，包括各种民办学校，都需要坚持社会主义办学方向，必须以培养社会主义现代化建设者和接班人为己任。

（二）推进素质教育

实施素质教育，就是全面贯彻党的教育方针，以提高国民素质为根本宗旨，以培养学生的创新精神和实践能力为重点，造就“有理想、有道德、有文化、有纪律”、德智体美劳等全面发展的社会主义事业建设者和接班人。各级各类学校都应当按照这一要求，全面深化教育教学改革，使素质教育得到扎扎实实的推进。

在当前阶段下，我国很多高职院校还存在极度看重学生考试成绩的现象，这与党的教育方针是相背离的。要想促进学生的全面发展，就必须大力推进素质教育，即教育者坚持着眼于学生及社会长远发展的要求，以面向全体学生、全面提高学生的基本素质为根本宗旨，努力培养学生良好的态度、能力、道德等，这是新时期教育的必然选择。

（三）促进学生德智体美劳全面发展

从本质上来说，党的教育方针的实质就是要促进学生德、智、体、美、劳全面发展。处理好德育、智育、体育、美育、劳育等各育之间的关系，坚持齐抓共管、协调并施、整体推进，是全面贯彻党的教育方针的核心所在。为此，在教育、教学和管理工作中，必须坚持德、智、体、美、劳并重。在当前阶段，这方面还存在着较大的问题。例如，相当一部分高职院校还依然以智育为重，而忽视德育、体育、美育、劳育等。也有一些学校仅仅把对德育的重视停留在口头或文件上。对于诸如此类的不科学的教学行为，各级教育行政人员和学校管理者的确需要加以认真反思，力争有效地解决和改进。

第三节　高职院校管理的内容构成体系

高职院校教学管理的内容体系，主要是由以下方面构成的。

一、教学设计

搞好教学设计是上好课的前提，备课的深入细致与否直接影响教学质量的高低。教师备课应做到：基础学科课每节课要做到提前备案；教学内容，教学目标，教学重点、难点，教学手段、方法及准备，教学过程（含教学步骤与时间、课内外作业设计、师生双边活动），板书设计等，都要提前做好准备，提倡写教学反思。备课要分节拟定，不得连备、缺漏。各学科要提前半周搞好设计，在备课上采取个人与集体设计相结合的方式，以个人设计为主。备课要在钻研大纲、标准的基础上，了解学生思想和知识实际掌握情况。要求学生完成的作业，教师设计教案时应自己先做一遍，并作出参考答案；练习课应精选例题；作业指导课要有学生作业的一般情况统计及典型情况分析。根据实际需要使用电化教学手段的，应在课前准备好，提倡充分利用电化信息技术教学手段。

二、上课

上课是教学过程中最主要的环节，必须面向全体学生，讲求效率，讲求效果。

（1）各科教师必须按课表上课，不得擅自停课、调课或请他人代课。

（2）上课要准时，做到不迟到、不早退、不拖堂。

（3）教师要做好上课前的一切准备工作，不允许不备课直接进教室上课，上课期间一般不得中途出入。

（4）教师上课时应举止文明，穿着大方，仪表端正。课堂上教师不准抽烟，不准坐着上课，不准讽刺挖苦学生，不准体罚学生或将学生赶出课堂，更不准带小孩进课堂上课。

（5）每堂课的教学内容要集中，目标明确，思路清晰，重点要突出，关键要抓住，难点要突破。

（6）教学语言要规范简明扼要。教学语言和板书规范、准确、生动，富有启发性和示范性。

（7）课堂要废止注入式、满堂灌，坚持启发式、讨论式，提倡研究性学习方式，科学安排讲、练活动时间，保证课堂作业在课内完成。

（8）要充分利用教学设备，使幻灯片、投影、录音、录影等信息技术逐步成为常规教学的基本手段。

（9）教师对学生要严格要求，认真维护课堂纪律，培养学生良好的学习习惯。

三、作业批改

（1）作业批改要认真仔细，评语书写要工整，符号要统一（学科课程用分数；技艺活动科目用等级，等级分为优秀、良好、合格、一般），评价要恰当，客观公正。

（2）提倡学生自我订正，养成自我检查、反复探求的良好的学习习惯。

（3）作业批改要及时，一般在下一堂课前将作业本发给学生，要做好作业批改记载。

四、辅导

（1）早晚自习辅导要有计划。一是学科教师对所教班的学生确定分层次辅导对象，二是制订相应的后进生转化和优生培养辅导计划。

（2）认真贯彻因材施教的原则，辅导学生要耐心细致，不准以罚做作业的形式惩罚犯错误的学生。

（3）要加强学法指导和课外阅读指导。

（4）辅导要加强针对性，对后进生辅导不仅补知识，更要分析其原因，帮助他们端正学习态度，改进学习方法，树立搞好学习的信心。

五、考试

（1）凡教学计划开设的课程都要进行考试考查，学校组织分阶段和期末两次考试，各学科可进行单元测试，并进行分析、讲评。

（2）要严肃考纪考风，端正教风学风。

（3）考试要进行改革，一是注重基础知识的力量（70%），二是根据能力立意的原则（20% ~ 30%），尽量贴近生活实际（30%）。

（4）学校不以考试成绩作为评价教师的唯一依据，教师不能以考分作为评价学生的唯一依据。

六、兴趣小组活动

（1）根据学生特点，成立多种兴趣活动小组。可成立书画、器乐、体育（田径和排球）、写作（与文学社合并）、学科学习等兴趣小组，做到所有学生都参加。

（2）兴趣小组做到“五定”（学生、地点、时间、内容、辅导教师），“两落实”（器材、经费），保证每两周开展一次活动。

（3）兴趣小组活动做到有计划、有记录、有作品、有效果。

（4）开展形式多样的竞赛活动，每年可举行各学科知识竞赛活动，让学生充分展示自己的特长。

（5）各小组初步制定学生特长考评细则，每期进行一次考评。

第四节　高职院校管理工作的发展趋势

高等教育管理改革是大势所趋。按照高等教育发展的一般规律，它的改革与国家的政治、经济、文化有着必然的联系。从高等教育管理状况来看，中国的高等教育与整个社会的发展基本上是相适应的，同时，目前的政治、经济、文化的发展对中国高等教育又提出了新的任务和要求，特别是科学技术的创新、经济的发展、文化的创新等方面对各级各类高级专门人才的需求，在高等教育发展的开放度、管理的思想和体制、管理的模式与方法等都要进行一些变革。只有在思想上、观念上认清了高等教育改革的方向，准确把握高等教育发展的趋势，我们才能运用先进的管理方法和技术来有效管理高职院校教育。

一、高职院校对外开放度更高

如果说当今中国高等教育发展得益于中国的政治体制和经济体制的改革，那么其中很重要的一点就是得益于中国政治经济体制下的改革开放，没有改革开放就没有今天中国高等教育发展的成果。因此，改革开放至少对中国的高职院校教育管理起到了以下三个方面的促进作用：

第一，促进高职院校教育管理思想观念的转变。通过考察国外高等教育，了解了依法治校、教授治校、教育评价、以人为本、科技创新、服务社会等思想观念，使得我们对高等教育管理的一些方面有了更加深入的理解，把一些先进的教育思想融入我们的管理中，促进高职院校教育管理观念的转变。

第二，促进高职院校教育管理法治体系的建立和完善。通过考察国外高职院校教育，我们看到发达国家完善的高等教育管理的法治体系，这种体系为高职院校教育科学、规范、有序、稳步地发展提供了切实有效的保障。

第三，促进高职院校学校管理的功能更加明确和完善。传统的计划经济体制下的高等教育功能是单一的，一定程度上可以说是为国家服务的工具，基本上没有自主性、社会化的功能。经过了转变教育思想、教育观念的大讨论，广泛深入地研究高等教育性质，高职院校教育的功能越来越明确，越来越完善，越来越符合社会主义市场经济的规律。

中国的高职院校教育逐步走向国际化，高职院校教育的开放程度必将更高。如果没有国际的交流与比较，那么就不知道我们自己的优势和弱势，高等教育的发展就缺乏科学合理的目标。一个国家高等教育的水平，从某个角度而言，反映了这个国家现代化的水平；没有高等教育的现代化和高水平的国际一流的大学，高等教育就谈不上国际化竞争。

高职院校教育更加开放的背后应该是思想的开放，没有思想的开放，即使国门打开，也不一定能够对先进的国外高等教育的管理方法进行借鉴。我们必须思考为什么要开放的问题，道理其实也并不是很复杂，整个国家都开放了，经济也在融入全球化的大潮中，高等教育的开放是必然的，高职院校教育随着国家经济的全球化战略将越来越开放也是必然的。因此，首先要解决的是思想更加开放的问题，思想认识问题不解决，就不能够从根本上认识改革开放对高职院校教育管理的影响，也不能对高职院校教育的质量与科学研究的水平必须保证国家参与国际竞争的意义予以真正的认识和理解。

高职院校教育的国际化战略是一种发展趋势，但是绝不是全盘国际化，高职院校教育的开放应该建立在正确的需求上，应该符合中国的实际情况，这并不是矛盾的。欲速则不达，在各种条件不具备的情况下，没有实事求是的观念，反而会获得相反的效果。这是一个实事求是的辩证的问题。高等教育国际化战略是指我们的高等教育参与国际化竞争，在竞争中不断提高我们高职院校教育的整体水平，也就是在竞争中学习、在竞争中提高，同时也在竞争中发扬中华民族的优良传统，在竞争中推出我国高职院校教育先进的东西，形成中国高职院校教育管理的特色，让中国的高等教育走向世界，并对世界高等教育的发展造成一定的影响。

二、对高职院校管理者的要求更高

(一)高职院校管理的专业化

大学管理专家 E. 阿什比曾说过,“成功的管理专家的技巧并没有井井有条地安排于教材之中,管理是一种未加工好的艺术”[①]。因此,学习管理唯一有效的方法,就是在管理的过程中进行管理的研究与有效实践。这就意味着,管理必须像绘画、雕刻那样具备一种后天形成的天才。我们认为,具有先天管理才能固然值得庆幸,但在社会政治、经济、文化飞速发展的时代,管理人员的新鲜血液不断增加,新的管理人员大量替代老的管理人员,再加上现代高等教育组织的变化很快,复杂程度越来越高,已经使任何一个想有所作为的高等教育管理人员都必须接受管理本部门相应水平的专业知识的训练,提高技能,以便在纷繁的高等教育组织中恰如其分地利用和发挥其管理的天才。[②] 具体而言,高职院校教育管理专业化的要求基于以下几方面:

第一,现代高职院校教育管理专业的思想与方法的要求。现代高职院校的管理者必须懂得自己所从事的职业的专业性及其特点,因为现代高职院校教育管理的专业化水平的要求已经越来越高,要求管理者具有扎实的现代教育家的专业管理的理论,研究事物的哲学家的管理思想,发现问题的敏锐管理眼光,高效的企业家的管理能力。现代社会知识、技术(其中包括与管理有关的知识、技术)的迅速发展,为高职院校教育管理的专业化创造了有利的条件,高职院校对管理工作者具有很大的选择余地,这就需要高职院校的管理者通过专业的学习和实践体现自己的专业能力和价值。

第二,高职院校教育资源的专业性越来越高。高职院校教育资源的专业性对高等教育管理者专业的要求必定越来越高。从资源的硬件方面而言,随着国家社会经济的发展,政府以及社会各方对高职院校教育的投入也越来越大,高职院校教育的资源更加丰富,高职院校教育资源的知识性、技术性也越来越高,高职院校教育资源的专业性也越来越

---

① 陈巧玲.浅析权变理论在高校管理中的运用[J].齐齐哈尔大学学报(哲学社会科学版),2004(4):127-130.

② 徐金燕.高等教育管理研究[M].北京:石油工业出版社,2008:235.

强，这些资源的各种元素组合成为一个十分复杂的专业管理的硬件系统，对高职院校教育管理者的专业知识及专业技术提出了越来越高的要求。从资源的软件方面而言，高职院校管理中最重要的资源是人力资源，随着改革开放的深入，高职院校的师资队伍发生着很大的变化，特别是具有越来越多的留学背景的人员加入教师队伍中，他们带来了国外的一些先进的管理思想和理念、科学的教育思想和方法，使我们的教师及管理队伍具有更加丰富的人力资源。同时，高职院校教育的辅助人员、管理人员的学历层次、知识结构也在发生较大的变化，管理队伍资源本身在优化，专业性越来越高。因此，无论是管理资源的硬件还是软件，资源的专业性越来越高是一个趋势。

第三，社会多元系统对高职院校管理的影响。社会多元环境的复杂性要求高职院校管理工作者具有多维的专业管理视野。高职院校教育走出象牙塔的过程也是其受社会多元程度不断发展的过程。这首先表现在高职院校教育必须对个人、家长、政府部门、企业、政治家提出的不同期望和要求作出不同的回答和反映。其次，高职院校教育系统的结构、运作方式、管理条件正在受到社会环境中其他系统的影响。不难发现，高职院校教育不仅要借用一般的管理理论与方法解决自身的问题，还要运用高职院校教育管理的专业原理、规则去解决社会中与学校相关的问题。随着改革开放的程度不断提高，这种多元将不再局限于一个国家、一个地区，而是一种全球化视野的多元。因此，现代高职院校管理工作者要具备这种社会多元视野的专业思想和管理能力。

（二）高职院校管理者的高学历要求

高职院校管理者的专业要求越来越高，高职院校管理者的高学历化是一个发展趋势。现实的状况也是这样，无论宏观的高职院校管理工作者还是微观的高职院校管理工作者，低学历层次的管理者正在被高学历层次的管理者逐步代替，这是不可逆转的趋势。目前，各级高等教育行政管理部门的领导者一般都具有较高的学历和较高级的技术职称，对年轻的、具有研究生学历的管理者进行不断地补充，这些管理者越来越受到这些部门的欢迎。这里强调学历，其实是要求高职院校管理者在高职院校管理方面具有真正的才能和学识。学历要求意味着需要有与时代发展相适应的高职院校管理者，管理者需要具有较新、更高的综合知识，较强的专业能力，辩证的和系统思维的能力，科学决策的能力。近年来，不少重点高职院校起用在国内外获得博士学位的高层次人才担任校级和二级部门重要的领导职务，充分发挥他们对国际高职院校教育最新发展前沿动态学习和理解的优势，应用先进的管理思想、管理技术和方法推进学校的工作向前发展。事实上，出现管理者高学历化有以下一些因素：

第一，管理对象与要求的提高。1980 年，我国颁布了第五届全国人民代表大会通过的第一部教育法规《中华人民共和国学位条例》，在此后的十几年中培养了许多硕士研究生和一些博士研究生。与此同时，众多国家派遣的或自费留学的学生在国外攻读研究生学位，这些高学历的人员充实到大学教师队伍形成了管理对象的高学历化。如果我们的管理者在学历层次上与其他国家的管理者具有太大的差距，就会缺乏共同的语言，在管理上出现交流障碍，因此管理队伍的高学历化是高职院校管理发展很重要的趋势之一，整个高职院校管理队伍在学历层次的结构上发生变化已经成为必然。近年来，国家和高等教育组织也开始对这方面的问题予以重视，采取了各种各样的措施提高管理者的学历层次。同时，国家高等教育专业研究生教育的发展很快，具有多种研究生层次的大学毕业生进入社会寻找工作，这些都为高等教育的行政领导部门和高等学校聘用具有研究生学位的管理者创造了基本的选聘条件。

第二，领导干部的素质要求。教师队伍尤其是年轻教师中具有研究生学位的人数占比越来越高，要管理好这支高学历的教师队伍，势必需要对领导干部提出更高的要求。正如管理学专家哈罗德·孔茨所说，“没有高级管理人员迅速、灵活、不墨守成规并有条理地管理就不可能进行有效的管理”[①]。因此，他认为，接受过良好教育的人要比受较少教育的人更可能提升到各级领导岗位上去。我国高职院校在 20 世纪 80 年代后期，尤其是 20 世纪 90 年代以来，更注意选拔具有研究生学位的德才兼备的人到各级领导岗位，他们对教师队伍中众多教师的需求、心理特征、业务素质、思想品德更加了解，工作起来非常顺利，可谓得心应手。

第三，开展国际合作与交流的需要。改革开放几十年来，许多高职院校已经开展了广泛的国际交流合作，重点高职院校往往都与国外几十

---

① 李文章．大学学术权力与行政权力的失衡及对策[J]．牡丹江教育学院学报，2009（4）：55-56.

所高职院校建立良好的、长期的合作关系。一些著名的国外高职院校的高、中层管理者都具有博士学位，有着较高的学历层次与管理水平。如果我国高职院校的高、中层管理者也具有相同的条件，必将极大地增强交流的能力，推动学校与国外的学术交流，扩大合作规模和领域，提高学校在全球的知名度。

第四，普通管理者自身的需要。我国实际上是对个人学历比较注重的国家。在企事业单位招聘管理人员时都注明要求什么样的学历，工作条件好、职务较高的岗位都对应聘者的学历提出了较高的要求。高等学校是文化教育层次较高的社会系统，在这样的系统里的管理职务要求有较高的学历，学历通常与工作岗位的安排、职务的提升以及个人的社会地位、工资福利具有十分密切的关系。在市场经济条件下，好的工作岗位竞争更加激烈，我国高职院校选拔管理者的竞争将会随着市场经济的深入、高等教育办学条件的改善和管理者社会地位的提高而趋于加剧。面对竞争，“高职院校管理者不得不接受与岗位相适应的高职院校管理知识与能力的培训，提高自己的学历层次和专业管理能力”①。

另外，要注意处理好高职院校管理者的学历层次与高职院校管理专业化的关系。管理者要有较高的学历，更要有较高的管理专业化水平。有的高职院校聘用刚回国的年轻博士或国内刚毕业的硕士、博士担任校级和中层管理的领导岗位，而实际结果往往以失败告终。因为这些人虽然既有比较高的学历层次，又有较高水准的各个方面的专业知识，但是缺乏高职院校管理的专业知识和实践能力。所以，在选拔管理者时应注意正确地处理学历与管理专业的关系，不能偏废某一方面。在选拔年轻的、高学历层次的高等教育的管理人员，尤其是领导干部时，要从实际出发，除了考虑其学历外，还必须先对其进行高职院校管理专业的理论培训学习，从底层的管理岗位和工作锻炼开始，先熟悉情况，取得经验，为其以后担任高一级的管理者奠定坚实的基础。此外，从优秀的普通管理者中选择优秀的人员脱产进修学习，通过培养后视其情况进行提升也不失为一种好的方法。

---

① 黄国铭．加强高校管理干部队伍建设的思考[J]．当代教育论坛，2007（2）：18-19.

三、高职院校管理战略与规划更加柔性

高职院校管理战略与规划的柔性是近些年发生的变化之一,这是社会主义市场经济发展的结果。一直以来,我国高职院校教育的战略规划过于系统和刚性,尤其是在长期的计划经济的影响下,较为注重短期的规划,而且规划过于系统、详细,但政府教育行政管理部门出台的系统、详细的宏观规划往往在实施中与结果形成很大的差距。通过近些年的实践,对高职院校教育的战略规划进行了重大的改革,逐步弱化以行政方式和思想去指导高职院校教育组织的行动,代之以现有政策、制度、方法与措施来对高职院校教育进行规划,强调宏观指导下的微观决策的自主性、创造性以及对市场变化的适应和调整,充分反映战略规划的协商性、指导性、灵活性等柔性特征。

(一)协商性

协商性体现了政府以协商的态度,广泛地听取社会各界意见,尤其是尊重和认真听取高等学校的意见和建议,并且政府与高等学校一起通过立项的方式开展调查研究,进行经济与社会发展对人才要求的预测,进行科技发展与学科专业发展的预测。在这一过程中,政府不再是规划的单方面制定者,而是通过专家系统、高职院校的办学者、主办者对高职院校教育市场需求信息的研究达成一致意见。

(二)指导性

指导性是指政府的宏观战略规划只具有原则性的指导作用,对学校一般没有法律上的强制约束力,但具有很强的指导性。应当承认,目前中国高职院校教育战略规划还在一定程度上受到计划经济的影响,但是,市场的调节作用明显在不断地增加。而且,政府充分考虑社会经济发展水平、公众对高职院校教育的需求、地区间教育发展的不平衡等多种因素,使各级教育行政主管部门对高等教育战略规划的宏观指导作用得到了有效的发挥。

(三)灵活性

灵活性是指一般先编制一个中、长期总体发展战略规划,然后根据具体情况的变化适时地推出短期计划以补充和调整总体规划。同时,没有一个在实施过程中一成不变的计划,由于高职院校管理对象的复杂性和管理要素的柔性,会出现一些变化是自然的,变与不变也是相对的,只要有利于促进管理目标的实现,变是肯定的。

我们对比《全国教育事业第十个五年计划》和《全国教育事业第十一个五年计划纲要》,可以看出二者在命题上就有一定的不同之处,前者是实实在在的规划,强调了计划性,而后者只是规划纲要,弱化了计划性,突出了指导性与灵活性。在发展的战略思想与目标中,前者规划的提出是以遵循"基本原则"为出发点提出的,而后者是以"发展思路"提出的。在主要目标与任务中,后者也只是在一个大致的发展区间,要点式地提出工作思路。如果我们再往前去看"九五"甚至"八五"教育事业发展规划,内容则更详细、更系统、更刚性。因此可以说,我国高职院校管理战略与规划朝着更加柔性的方向不断发展。

四、高职院校管理的制度与程序更加规范

高职院校管理的制度与程序更加规范化也是不言而喻的。古典管理学派曾主张管理层次系统化、规格化和集权化,行为科学学派则主张分权的、较为松散的组织管理。不论是哪一个学派,管理的规范化依旧在很大程度上保障了管理水平和效率的提高。由于管理工作的不规范,而造成管理混乱以及降低高等教育资源的利用率,如一直没有适当的规范标准来统一衡量高职院校各类人员的工作量,由此造成了平均主义,从而极大地挫伤了教职工的积极性;有些高职院校在使用仪器设备时没有十分严格、规范的操作章程,极大地增加了仪器设备的损坏率;各种统计报表由于没有统一口径和严格制度,在具体填报过程中往往出现随意性,使统计数据部分失真;大量高职院校对教师从事第二职业没有明确的制约,致使有些教师承担过多的第二职业工作量,这对学校教学、科研质量造成了严重的不利影响;对于学院与学院、系与系、处与处之间需要合作才能完成的事往往没有明确规定,造成每件事都要花费大量的时间与精力进行研究协调;由于没有严格的制度和岗位规范,使领

导陷于不必要的具体事务中，不能够各司其职，因此不能够进行深入调查、获取有效的信息，不能进行科学决策等。这些事实的存在，充分地说明了管理规范化在现代化的高等教育管理中有着十分重要的作用。

从管理机构与人员而言，与国外相比，我国高职院校的管理人员偏多。当然，有体制的原因，特别是我国高等学校做了许多应该由社会管理、学生自我管理的事情，但是整体上还是存在人浮于事的情况。国外发达国家的高职院校管理人员有着十分明确的岗位工作，由于实行流动制，岗位竞争十分激烈，管理者工作都非常努力、认真负责、实事求是。而我国由于缺乏对高职院校管理人员的较为明确的工作规范，人员的业绩考核与评价无从谈起，竞争机制难以建立。管理的规范化十分有利于简化和比较准确地对各级管理人员的考核。目前，对管理者的考核不少流于形式，甚至没有明确具体的考核标准，而有些认真进行考核的高职院校则要求每个管理者把自己的思想政治、完成工作、今后打算等填写进表格，自我总结半年或一年的工作，相互交流，听取意见，还要组织出面收集信息，组织专人对被考核者进行打分，最后所有材料全部进档案袋，显然，这种做法过于繁杂。近年来，在对基层管理者繁杂考核的同时，对领导者的考评却相对简单起来。以往，有的高职院校领导需要在教职工代表大会上进行述职报告，听取意见和建议，而现在改为在中层干部范围内述职，这两种做法在性质上是完全不同的，也取得了明显不同的效果，后者做法难以听到对学校工作做得好坏的客观评价及尖锐的批评。按管理学理论，一般不应由校长任命的中层干部来对校长工作进行监督，这种做法不能够从根本上考核出真实的结果。久而久之，它会造成教职工对学校工作敷衍了事的情况。在干部的考核与提升上也缺乏真正的、科学的规范，领导提升干部不看个人品质、职业道德、工作业绩、心理素质，而主要看是否听自己的话，对有开拓精神、工作有成绩，但总是看不顺眼的、敢于给领导提意见的人，甚至通过各种方式进行压制。

规范主要是规定各级各类管理人员的职责、工作任务、工作程序，规范严格而适度能够促使各级管理人员的创造性积极地发挥出来。所以，在制定规范和规定时，要给各类人员适当留有一定的空间，让他们根据自己系统的管理目标创造性地工作。

五、高职院校教育管理更加注重管理效益

高职院校管理的最终目的还是要体现到高等教育的效益管理上来。管理的效益是高职院校管理中难以阐释又较为重要的一个概念。在高职院校管理基本规律和高职院校管理原则中对此已有所涉及。但无论从管理学或管理心理学角度，都应当高度重视高职院校管理的两个重要特点：

第一，反复强调的高职院校教育是一个开放的系统，它包括学校与更高级别的教育行政系统的开放态势，也包括高等教育整体与其他社会系统的开放态势。仅从学校内部来分析效益显然是不充分的，办学效益中很大成分上表现为社会效益。

第二，高职院校管理在空间上的层次性、多样性，在很大程度上影响着管理效益的评价。因此，我们希望通过多视角、多模式的考察，尽可能全面、准确、动态地创建出评价高等教育效益的指标体系。

根据目标管理的要求，管理效益被定义为目标的实现程度。如果学校管理的结果符合或超过组织的目标，那么这种管理活动就是有效益的。具体来说，管理目标分两大类：

一是政府目标，指学校的上级机构以正式陈述的方式规定学校任务的本质，要求学校达到某一种状态。一般而言，政府目标是抽象的，这些目标并不存在刚性的要求，无法对高职院校管理者的具体工作进行直接指导。

二是操作目标，指依据本校特定情况而制定的实际工作和活动要达到的目标。操作目标具有被认可的标准和评价程度，对如何评定目标的实现程度进行了明确的描述，如高职院校学生通过四级英语水平考试的比率等。理论上讲，操作目标应体现政府目标才能够保证整个系统的最大效益得以实现。

系统资源模式把效益定义为组织在其环境中得到有利地位的能力，借此可以获得较多资源。根据系统资源模式，学校有可能通过学生、家长、企事业单位、教育主管部门、当地政府获得资源来加速学校的发展，提高学校的办学质量、水平、效益。系统资源模式根据开放系统的概念和要求，强调学校应当具有较强的适应能力和寻找资源的能力。

应当看到，企图以一个简单的程式去解释丰富多彩的高职院校教育系统的管理效益问题是不现实的。管理效益实则也是一个权变的概念，

一方面，在社会主义市场经济条件下高职院校教育活动本身是多目标、多价值观的统合；另一方面，管理者自己的个性特征也是重要的变量，对管理活动具有直接影响。将管理人员的个性特征与组织特征、情境特征综合考虑后提出的高职院校管理效益指标体系，是具有可操作性的。

第二章 高职院校体制管理、教学方法与教学环境

第一节　新时代我国高职院校体制管理研讨

一、高职院校教学管理制度的主体与客体

管理过程是指在一定实践活动的基础上,管理者与被管理者之间相互作用的过程。高职院校教学管理系统中的管理者和被管理者是相互联系、相互制约的。高职院校教学管理制度应当在正确地认识学校(上级管理者)与院系(下级管理者)之间、管理者(含学校和院系)与被管理者(教师和学生)之间关系的基础上进行设计和安排。因此,分析高职院校教学管理制度的主体与客体的属性及其相互关系,是揭示高职院校教学管理制度蕴含的基本矛盾(关系)的基础。

(一)两种不同的管理主体观和管理客体观

一切管理活动中的管理主体(管理者)与管理客体(被管理者)是对立统一的关系。所谓管理主体(管理者),是指具有一定管理能力并从事管理活动的人。管理主体(管理者)包括各级领导和各级管理人员。管理客体(被管理者)是指进入被管理领域的人(进入被管理领域的还有物、时间、信息等非人的因素)。可见,作为管理主体的人(管理者)与作为管理客体的人(被管理者)是存在区别的,二者之间是管理与被管理的对立统一关系。也就是说,所有涉及的管理活动中,在规定的范围和条件下,管理者与被管理者的关系是对应的,二者行使的权利和义务都不同,管理者拥有指挥的作用,被管理者是提供服务的主体,二者之间界线划分必须明确。

但是,在管理活动中,作为管理主体的人(管理者)和作为管理客体的人(被管理者)是相互关联而存在的。二者互为前提,互相规定,离开一方,另一方不能孤立地存在。参与管理活动的人们,不是单纯的自然存在物或生物存在物,而是作为社会关系的体现者,作为社会生产关系

总和的社会存在物,他们按照自己作为社会人的尺度,按照自己的目的来改造、创造和适应环境。可见,在管理活动中的管理主体(管理者)与管理客体(被管理者)的相互关系,关注着人的本质,实现着人的本质;管理活动要按照人的本质、人的本性进行协调和控制。在管理活动中,实际上存在两种管理模式:客体管理和主体管理。

管理者把被管理者仅仅当作客体来管理的模式,称为“客体管理”。在客体管理观念和模式下,管理者和被管理者之间纯粹是一种主体与客体的关系:管理者是主动的,被管理者是被动的;管理者处于权威地位,被管理者处于从属地位;管理过程是自上而下的单向过程,被管理者被排斥在管理过程之外。基于客体管理的制度是一种刚性的管理制度。

管理者不把被管理者仅仅当作客体来管理的模式,称为“主体管理”。在主体管理观念和模式下,管理者和被管理者都处于主体地位,二者之间是主体与主体的关系,二者只有分工的不同,没有地位高低之分;管理过程是以管理者为主导、管理者和被管理者共同参与、互相协调和双向统一的过程。主体管理也称为“参与式管理”。基于主体管理的制度是一种柔性的管理制度。

在任何管理活动中,“人”与“事”是一对基本的矛盾关系。但是,“人”是主导的方面,任何管理都必须依靠人,通过人去做成“事”。因此,人在管理中既是手段,又是目的,一切管理活动都应当坚持以人为本。以人为本,要求了解人的需要,激励人的积极性,尊重人的自主性,把个人目标和组织目标统一起来,实现管理主体和管理客体的统一;要求坚持人本管理与科学管理的有机结合,实现工具理性与价值理性的统一。学校管理活动应当实行主体管理,这是由现代社会管理、现代教育特性和学校组织特点等因素决定的。

(二)不同管理观支配下的高职院校教学管理制度

高职院校教学管理是按照一定的管理原则、程序和方法,对教学过程中的人、财、物、时间、信息等资源进行调配,通过建立相对稳定的教学秩序,调动广大教师和学生的积极性,从而实现教学工作的目标,保证并提高教学质量和效率的活动。不同的管理主体观和客体观支配下的高职院校教学管理制度呈现不同的特点。

首先,不同的管理主体观和客体观支配下的高职院校教学管理体制安排呈现不同的特点。如果按照客体管理观来安排教学管理体制,高职院校就会选择集权管理模式,就可能出现教学的规划、决策、资源分配等权力较多地集中于校部,而院系在教学管理上处于从属和被动地位的状况。如果按照主体管理观来安排教学管理体制,大学可能会选择分权管理模式,就可能出现校部与院系分工负责、上下协调一致,院系教学管理活力极大增强的状况。我国大学内部的教学管理体制是在《中华人民共和国高等教育法》以及国家高等教育管理的相关法规、政策下,由大学党委等领导机构组织确定的,它与大学内部管理体制改革紧密联系。不同管理主体观和客体观支配下的教学管理体制,对高职院校教学管理工作的影响是不一样的。

其次,不同的管理主体观和客体观支配下的高职院校教学管理规章制度设计也呈现不同的特点。如果按照客体管理观来设计教学管理规章制度,教学管理者就会成为制度的制定者、执行者、监督者,教师和高职院校学生就会被视为纯粹的制度"受体"——制度施威的对象。这种情况下,制度只求体现管理者的意志,而较少考虑(或者基本不考虑)被管理者的愿望;而且,教学管理目标与教学目标可能会出现冲突。如果按照主体管理观来设计教学管理规章制度,教学管理者就会成为制度形式上的制定者(起草人)、执行者和监督者,广大教师和学生充分参与到制度的制定、修改、执行和监督中来。这种情况下,制度既体现管理者的意志,也体现被管理者的愿望,充分体现管理者与被管理者在人格和契约上的平等;而且,教学管理目标与教学目标容易形成协调一致。我国高职院校内部的教学管理规章制度一般是依据国家和政府制定的法律、法规和政策精神,在高职院校党委、校长和教学指导委员会等领导下,由校部教学管理职能部门制定的;同时,院系在既定的管理职能和权限内,依据学校制定的教学管理制度,可以制定相关教学管理实施细则。不同的管理主体观和客体观支配下的教学管理规章制度,其对高职院校教学管理工作的影响也是不一样的。

教学管理是高职院校内部管理的重要组成部分。作为一种管理活动,它具有一般管理的基本属性,高职院校教学管理制度的设计应当遵循管理活动的基本规律和现代管理科学的基本原理。但是,高职院校教学管理系统具有自身的特殊性,它不仅区别于企业管理、政府管理以及其他事业性管理,而且有别于高职院校的教学管理和高职院校内部其他事务的管理。其特殊性主要源于高职院校组织的性质和特点，以及制度作用的主要对象，即教师和学生的性质和特点。

现代高职院校的教学管理应当提倡主体管理，秉承主体管理的理念，进行教学管理制度的建设和改革。在高职院校的管理中，不仅院校上级领导和院校系级领导要充分发挥各自的作用，也要将教学管理者和师生的理念调动起来，形成上下级配合关系，这样才能做到高职院校管理者与被管理者之间的良性关系，二者之间相互配合，提高管理理念。主体管理要对高职院校里的教学管理进行合理的制度安排，妥善处理学校（上级管理者）与院系（下级管理者）之间、管理者与教师（被管理者）之间、管理者与高职院校学生（被管理者）之间的关系。这三对关系是高职院校教学管理系统中的基本关系，它们之间的对立统一构成高职院校教学管理活动的基本矛盾。

二、高职院校教学管理体制下的集权与分权

高职院校管理中会出现集权和分权的划分，但是二者的核心在于管理者的授权。授权就是管理者会给被管理者授予的一定的权利和义务，实际是为了能够简化管理过程，使被管理者在上级管理者的监督下自觉地处理出现的相关事务。如果上级对下级授予的权力和责任多就是分权，授予的少则是集权，分权与集权二者的不同就在于权力和责任的多少。在所有的管理体系当中，授权都是必不可少的，每一个管理体系都会有上级对下级权力的授予。一般说来，集权和分权的程度取决于组织的规模、决策指挥中心的控制能力以及管理者等多种因素。

首先，集权与分权的范围取决于组织发展规模。当组织规模较小时，权力可以相对集中，采用集权管理；而当组织规模较大时，则要求权力适当分散，采取分权管理。

其次，集权和分权的范围取决于有关权力与全局工作的相关程度。凡与全局工作密切相关的重要权力，都应当集中在组织的最高领导层，以保证组织能协调一致地完成总目标。凡是不影响组织活动全局，应该下放的权力就应该坚决分权，以减轻组织最高领导层的工作负担和压力，使其集中精力抓好大事；同时，也利于更好地发挥基层管理人员的作用和提高工作效率。

再次，集权与分权的程度取决于领导人自身的素质、能力和水平。

在管理的其他条件相当的情况下，如果领导者能力强，水平高，则较适合采用集权制；反之，则适合采用分权制。

最后，集权与分权的确定还要看下级人员的能力和水平、下级组织可信赖的程度等其他因素。例如，当发生意外事故或紧急情况时，领导者应当及时授权。

集权与分权天生就是一对矛盾，它们各有其长处和不足，不能简单地说哪种方式好、哪种方式不好，应当依据组织的性质、规模、上级和下级等因素而确定。大学本科教学管理适合采用分权模式还是集权模式呢？这需要对大学组织的性质、知识（学术）管理的特点、学术组织决策的成本等因素进行分析。

第二节　高职院校教学方法的多元化探索

作为教学改革的重要内容，高职院校教学方法改革的重要性和必要性几乎不言而喻。通过对十余年来我国高职院校教学方法改革研究和实践的宏观考察，我们不难发现，就此问题的研究和探讨可谓众说纷纭、莫衷一是。

在全球化、信息化以及多元化已然成为当下社会发展趋势的背景下，如何站在历史发展的角度看待传统的教学方法？面对未来发展，如何选择符合人本教育理念和全人教育思想的教学方法？这无疑是我们思考和实践高职院校教学方法及其改革的两个基础性问题。遵循此思考方向，本节就高职院校教学方法之多元化命题展开以下分析和论述。

一、高职院校教学方法的认知

尽管当前对高职院校教学方法存在诸多不同的界定与表述，但是纵观各方关于高职院校教学方法的文字表达和意义体现，我们能够发现学者对高职院校教学方法所形成的共同认识。对此主要体现在以下几个方面：

第一，高职院校教学方法同时关涉高职院校教师和学生两方主体。教师和学生构成了高等学校的基本架构，更是高等学校得以存续和发展的基本前提和条件。高职院校教学方法并不能单纯地被认为仅仅关涉教师而无关乎学生。尽管教师和学生在角色、职责、目标等诸多方面存在差异，但毋庸置疑的是，任何教学活动都只有在教师和学生的共同参与下才具有意义。因此，教师和学生之间的这种相互依存和联系决定了高职院校教学方法同时关涉教师和学生，我们不妨称之为高职院校教学方法的主体性。①

第二，高职院校教学方法的目的在于实现或者达到教师和学生对教学活动的期待与追求。教学活动本身的目的性决定了在教学活动中所运用的教学方法也必须具有目的性。教学活动的目的之于教师通常体现为教学目标和教学任务，而教学活动的目的之于学生则一般表现为对知识积累、思维锻炼、能力提升及人格完善等方面的期待与追求。任何教学活动的目的都必须借助一定的教学方法才能实现。由此，也就决定了高职院校教学方法的目的性。

第三，高职院校教学方法存在于教学活动中。尽管将高职院校教学方法作为教学理论研究的对象是一种客观必然，但是不容否认的是，如果脱离了教学活动这一媒介，那么所有的讨论，乃至理论上的共识都必将失去其追求的价值和意义。由此，任何有关教学方法的探讨和研究都必须将教学方法置于教学活动过程中才会具有研究的价值和意义。对此，我们可以称之为高职院校教学方法的实效性。

第四，高职院校教学方法是实现高职院校学生培养计划和教学目的的必要途径。特定教学方法的实施必须借助一定的教学手段才能达到教学目的。无论是教师的语言、表情以及肢体行为，还是多媒体、影音设备以及教学场所等教学设施和环境，对于教学方法的选择和运用都会产生影响。但是不同的教学手段均对教学活动的参与者有相应的技术要求。因此，高职院校教学方法具有技术性。

第五，高职院校教学方法的选择与运用及其实效，往往取决于教师的能力和水平。换句话说，高职院校教学方法是教师有意识选择的结果。对学生而言，往往就体现为对某一教师的教学评价。因此，高职院校教学方法具有主观性。

---

① 李文莲．高职院校管理研究与实践[M]．北京：北京理工大学出版社，2020：49．

二、高职院校教学方法的多元化发展

时代的变迁、社会的发展以及教学观念的转变都为高职院校教学方法改革提出了需求并提供了条件，从而使高职院校教学方法改革成为当代高等教育教学发展过程中的一种必然。高职院校教学方法改革不仅涉及对传统教学方法的认识与批判，同时也关系到改革的方向与归宿。

（一）传统教学方法：摒弃抑或继承

教学方法与教育教学相伴而生。尽管国内外对教学方法的类型和种类存在不同的总结和表述，但是学界普遍认为，以知识传授为导向的诸如讲授法、谈话法、讨论法、提问法、演示法、练习法、诵读法等均为早期教学活动中较为常用的教学方法，也即通常所说的传统教学方法。欧洲中世纪大学在教学方法上以讲授、辩论和练习为主。夸美纽斯（Comenius）继承了文艺复兴人文主义思想，提出并实践了直观教学法。资产阶级启蒙思想家、教育家卢梭提出了发现教学法。19 世纪以来国外又陆续出现了研讨教学法（Seminar）、问题教学法（PBL）、案例教学法、暗示教学法等。这些近现代以来出现的教学方法通常被称为现代教学方法。与传统教学方法相比，现代教学方法更注重受教育者——学生的主体性，即以学生为导向的教学方法。

以教师讲授、传授知识为主的传统教学方法更多强调了教师的主导作用和权威，而忽视了学生的主体作用，对学生应用知识和创造知识能力的培养存在缺陷。诚然，传统教学方法存在的诸多弊端已经无法适应当今社会和时代发展的需要。但问题是，在现代化教学设施和手段日渐普及和完善的背景下，传统教学方法真的就无用武之地了吗？传统教学方法究竟是需要摒弃，还是需要有所继承？

教育学者认为，对待传统教学方法应当批判性地继承，而非一刀切地摒弃，理由有以下几点：

首先，这是教学内容的需要。教育部公布的《学位授予与人才培养学科目录（2011 年）》将学科共分为 13 个学科门类，110 个一级学科。必须承认的是，不同学科之间的差异必将导致不同学科以及专业教学内容存在诸多不同。以法学学科和法学专业为例，我们认为，某些专业课程的教学内容决定了教学方法，以教师讲授为主的传统教学方法依然是实现教学目的和完成教学内容的必备且有效的方法,如法理学、法史学等课程就是典型。

其次,这是教学活动的需要。高职院校教学活动通常以课堂教学为主,因此在课堂教学过程中,如何组织和保证教学活动的顺利进行就成为教师必须面对的首要问题,由此也就决定了教师在课堂教学活动中的主导地位和作用。如是观之,对于教学内容的基本知识的传授仍为高职院校教学活动的必要内容。对所讲授课程的基本原理和规则的说明和解释离不开教师的讲授、分析、论证、演示以及提问等方式。因而,传统教学方法依然为保障教学活动所必需。

再次,这是教育目的的需要。教育乃国家发展之本。其目的在于"育",而非"教"。传统教学方法对于师之传道、解惑、授业依然具有重要的价值和意义。"育人"教育目的的实现同样也离不开教师的"言传身教"。

最后,尽管尊重学生的主体性以及人本教育理念已然成为现代教育理念实践的重要体现,但并不能由此就否定教师的主导作用。更何况教学有法而教无定法。因而,不能因为传统教学方法存在弊端而断然摒弃;相反地,应当根据教学活动和实践的具体需要选择并灵活运用适当的传统教学方法。

(二)现代教育理念:本质及其影响

尽管学者对现代教育理念的阐释和解说未尽一致,但是人本教育与全人教育的观念和思想已经广为接受和认可,此二者即现代教育理念的本质所在。

人本教育强调在教育教学过程中应当充分尊重和体现"以人为本"的价值观念。人本教育的核心与教育目的具有一致性。因此,尊重学生的主体性也就成为我们推行教育教学改革的重要内容。在此教育理念的指引下,就高职院校教学方法的选择与运用而言,诸如问题教学法、案例教学法、发现教学法、研讨教学法等引导式、互动式的教学方法更为有效地体现人本教育理念,也自然为高职院校教学方法改革所力倡。另外,学生主体意识和自我意识的日益增强也对此产生了积极的作用和影响。

全人教育整合了社会价值本位和个人价值本位两种观念,强调既要尊重个人价值,又要尊重社会价值。换言之,全人教育理念不仅注重个体的价值追求及其差异,而且倡导个体之间的沟通与和谐。在此观念影响下,现代教学方法更容易被接受,甚至备受青睐。例如,研讨式教学方法不仅能够使讲演者得以展示个人魅力,而且能促进成员之间的沟通与协作;在满足学习知识需要的同时,还能培养表达、沟通及协作等能力。这是传统教学方法难以达到的。

(三)教学方法多元化:继承与发展

以人为本教育和全人教育为标志的现代教育理念对高职院校教学方法改革产生了极大影响。然而,面对全球化、信息化迅速发展的社会现实,固守传统的教学方法当然已经不合时宜;而摒弃传统教学方法采用现代教学方法适应了时代发展的潮流。但如果没有基础知识的传授与积累,又何谈学生能力和素质的培养?对于高职院校教学方法改革及其运用而言,应当坚持继承与发展并行的态度和做法,承认并实践教学方法多元化这一命题。

众所周知,从历史上看,东西方文化的差异决定了东西方社会历史发展各领域的不同。在教育教学领域亦是如此。中国传统讲授式教学方法虽然更多地强调教师的地位与作用,但是并非排斥对学生的尊重。"三人行,必有我师焉"以及"有教无类"等教育思想便是明证;而西方社会自文艺复兴以来,以个人主义为标志的个人本位在社会发展中产生了巨大的影响。人本主义和全人教育观念开始日渐形成并产生了深远的影响。20世纪后期以来的全球化浪潮已经改变了诸多领域的传统观念和价值取向。同时,随着科学技术日新月异的进步与发展,加之信息化水平日益提升,社会各领域都无法避免地被联系在一起。在此背景下,多元化已经成为当代社会的另一个明显标识。

由此一来,高职院校教学方法多元化也就成为一种必然。针对不同的学科领域以及专业特点,选择并运用得当的教学方法也就成为高职院校教学方法改革的一种归宿。

教学方法多元化强调在高职院校教学活动中坚持教学方法的多样性和灵活性,而不拘泥于某种单一的教学方法。例如,对于专业基础知识以及历史发展的介绍,采取平铺直叙的讲授法并无不可。但对于具有争议的理论以及实践问题,采取问题导向的提问、讨论、讲演等引导式教学方法则更为可行。同时,辅以图片、视频、影音等手段进行演示或者由学生亲自试验、实习等参与式教学方法,亦会收获令人想象不到的惊喜。

由此观之,教学方法多元化实现了“教无定法”,但仅此尚不足以真正实现教学方法多元化的目的和意义。多元化教学方法的多元选择和灵活运用,还取决于教师的素养和态度。这就要求高职院校教师应当具有独立思考、尊重学生、担当责任等职业精神。

第三节 高职院校教学环境的创设及优化

作为构成教学活动的基本要素之一,教学环境是教学的客观条件。有效的教学依赖于一定的教学环境。对于高职院校教育而言,积极的教学环境对于激发学生的学习兴趣和求知欲,使学生集中精力和注意力有着很好的促进作用,同时也有助于学生学习效率的提高。本节主要从高职院校教学环境的相关认知、高职院校教学环境的创设、高职院校教学环境的设计与优化等方面来进行阐述。

一、高职院校教学环境的概念界定

高职院校教学环境可以说是一种相对特殊的环境。总体来说,高职院校教学环境是整个学校教学活动所必需的主观条件、客观条件的综合。可以这样说,教学环境就是依照人的身心特殊需要而专门设计和组织起来的一种环境。其通常有广义和狭义之分。如果从广义上而言,那么整个社会的政治经济制度、科学技术水平、社区文化、家庭条件、亲朋邻里关系等,几乎都属于高职院校教学环境。毕竟上述方面或领域都在很大程度上影响着整个教学活动的最终效果。而从狭义上而言,高职院校教学环境主要是指高职院校教学活动的场所、各种教学设施、校园内的自然景观、校风班风、师生关系、校园信息以及校园内部的舆论、学校规章制度等。

二、高职院校教学环境的特征

一般来说,高职院校教学环境与其他人类所处的各种环境具有较高的一致性。不过,由于教学环境是以学生的身心发展特点与需要而设计、组织的环境,因而又具有一定的特征。这主要体现在以下几方面。

(一)具有特定的环境区域

从当前的情况而言,世界各国的大多数高职院校都具有特定的环境区域,即有与外界环境根本相区别的环境界限,而该界限主要都是以校园围墙或者类似围墙的其他隔离物为标识的,这也就基本形成了相对较为封闭的校园环境。当然,这种校园环境在外部特征上的封闭,并不完全意味着教学环境根本不与外界发生联系。

另外,从环境内部机制的角度来说,教学环境是一个相对开放的系统。其不仅向外界环境开放、接受着来自外界环境的各种影响,同时也对外界有着一定的影响。因此,教学环境实际上是一个外在封闭与内在开放的有机统一体。

(二)具有特定的环境主体

教师和学生是教学环境的主体。当然,这里的教师是广义的,包括了整个学校内部的管理工作人员、教学工作人员以及教辅工作人员等。教师与学生相互作用与影响制约,从而共同形成了学校内部所特有的社会关系和社会心理气氛,进而又形成了学校内部稳定的社会心理环境。

(三)具有特定的环境内涵

高职院校教学环境之所以明显区别于其他环境,除了在于其有自身的环境主体和环境区域外,在相当大程度上还取决于其特定的环境内涵。通常而言,高职院校教学环境所具有的特定内涵,主要包括以下几方面。

1. 纯化性

由于高职院校教学环境有国家教育政策和方针的相关规范指导，有训练有素的师资队伍，并且有较为稳定的课程体系等。因此，外部环境因素并不能轻易地进入教学活动。这也就是说，高职院校教学环境因素在很大程度上经过了各种不同程度的选择、分析、提取、加工等处理。相对于其他环境来说，高职院校教学环境往往较为简单。

2. 规范性

高职院校教学环境是专为育人而创设的，并且是依照全面促进学生的身心发展的需要以及国家教育方针、学校的人才培养目标而设计、组织起来的。所以，环境建设的方方面面都必须符合育人的规范。

3. 教育性

高职院校教学环境不仅是教学活动赖以进行的依托和平台，毕竟构成教学环境的各种因素本身就具有一定的教育价值与教育意义。由于教学环境是一个育人的场所，因此最大化地发挥教学环境的教育性作用，已成为构建教学环境时所要考虑的问题之一，而这也是教学环境区别于其他环境的一个显著特点。

三、高职院校教学环境的设计

（一）高职院校教学环境设计的意义

一般而言，高职院校教学环境设计主要是指为了创造或改善教学条件，对教学环境进行整体或局部的规划、组织、协调与安排。具体而言，教学环境的设计有以下几方面的意义。

1. 对高职院校教学环境内在功能的发挥能够产生直接的影响

在高职院校教学实践活动中，教学环境具有多方面的功能。这些功能是否能够发挥以及发挥得好与坏，实际上受到很多因素的制约，但教学环境设计却是其中最为重要的一个因素。由于教学环境是专门培养人的场所，因而教育环境除了要遵循一般的设计规律外，还必须将教育规范与建筑规范有机结合起来，同时还要将教育的语言与信息转换为建筑信息与丰富的造型语言，从而使学校环境与教学建筑能够真正发挥育人的积极作用，体现出一定的教育价值。

2. 在形式方面对学校环境外在的面貌与审美风格进行了规定

经过大量的实践表明，美观、和谐的教学环境是学校环境的重要目标之一。不同的设计理念与设计方案一旦付诸实践，那么往往就会产生不同的环境格局与建筑风格的教学环境。从一定意义上而言，教学环境设计决定了校园环境是否美观大方。

3. 影响了教育目标的实现

教学环境的好坏与高职院校教育目标的实现有着非常密切的联系。一个美观、大气、和谐的教学环境有助于学生的身心健康发展与教学活动的顺利开展，同时还能够促使高职院校教育目标得以顺利实现；而一个凌乱、拥挤不堪、嘈杂的教学环境不仅对学校教育目标的实现非常不利，同时还会损害学生的身心健康。由此可见，教学环境设计能够以教学环境为中介影响教学目标的实现。

（二）高职院校教学环境设计的基本原则

所谓高职院校教学环境设计的基本原则，就是指在进行教学环境的设计时必须遵循的一些基本要求。通常而言，高职院校教学环境设计应遵循以下几个基本原则。

1. 整体性原则

所谓整体性原则，就是指在进行教学环境设计时应具备全局观念，从整体上对教学环境的诸多方面进行统一协调的部署与调整，使各种环境因素发挥其最大功效。由于教学环境的构成因素复杂多样，要让其发挥整体作用，就必须在教学环境设计中全面考虑、统筹安排。这不仅要高度重视校园物质环境的设计，同时还要注重社会环境的设计。毕竟只有从整体出发，才能使各种教学环境因素协调起来，促进学生的身心健康，最终提高教学质量。

2. 教育性原则

所谓教育性原则，即教学环境的一切设计、布置等都必须有助于学生智慧的启迪、潜力的开发、情操的陶冶、道德的培养等，并且还要有助于学生的个性发展与丰富情感的培养。另外，教学环境设计还必须充分发挥各种环境因素的正面教育意义。

教学环境中所包含的各种复杂的因素都有可能对学生的精神世界产生潜移默化的影响。苏联教育家苏霍姆林斯基在其专著《帕夫雷什中学》中指出："孩子在他周围——在学校走廊的墙壁上、在教室里、在活动室里——经常看到的一切，对于他精神面貌的形成具有重大的意义。"由此可见，对教学环境的任何改变、装饰、点缀都必须谨慎，必须考虑其教育意义。

3. 实用性原则

所谓实用性原则，就是指在进行教学环境的设计、建设与优化时，本着经济、实用的理念，并应按照学校的实际情况、经济实力量力而行。通过国外教育经济学家的研究发现，学校物质设施比较匮乏，对学校教育质量也会产生一定的影响。当学校物质环境逐步提高时，教育质量也会随之提高。这里有一点值得注意，当学校物质环境水平的提高达到一定平均值之后，学校教育质量将不再继续上升。因此，对于教学环境建设应坚持经济适用的原则，把握好度。

（三）高职院校教学环境设计的内容

1. 校址选择

校址选择指为筹建中的学校选定建校地址，划出学校环境的范围。校址选择是进行教学环境设计与建设的基础条件。一般来说，高职院校校址的选择通常应考虑如下几方面的要求：

（1）学校周围应当有适宜的人文环境和自然生态环境。

（2）具有良好的自然条件。

（3）具有充足的土地面积与适宜的地貌形状。

（4）具有有利的基础设施。

其实,设计者在开始选择校址时,还应当充分考虑校址周围环境在未来几十年内可能发生的变化以及学校环境自身的变化,以避免学校在未来发展中不适应变化情况的出现。

2. 教学建筑设计

从广义上而言,教学建筑设计包括全部能够服务于教学的建筑物。教学建筑不仅影响了建筑功能的发挥,同时还决定了建筑设计的整体外观的审美效果。有鉴于此,在教学建筑设计过程中,我们应从以下几个方面入手:

(1)综合考虑、并满足教学的基本要求。

(2)对教学建筑的整体布局进行合理规划。

(3)符合学校美育的要求。

(4)重点考虑安全、卫生等方面的因素。

3. 室内物理环境设计

室内物理环境设计主要包括室内光线、温度、空气、声音、颜色等因素。它能够对学生的认知、情感、行为产生广泛的影响。室内物理环境的设计应包括以下几个方面:

(1)通风设计。

(2)采光与照明设计。

(3)噪声控制。

(4)室内色彩设计。

(5)温度设计。

4. 教学设施设计

一般而言,教学设施是指具有教学功能的各种物质辅助设备与用品,如课桌椅、教具、设备等。教学设施是构成学校物质环境的一个重要组成部分,能够对学生的身体健康与教学活动的效率与质量产生直接的影响。教学设施设计主要包括课桌椅的设计、教学手段的设计以及教学用品的设计。

5. 学校心理环境设计

心理环境与物质环境设计都是教学环境设计中的重要构成部分。

良好的学校心理环境不但包含深厚的文化传统、情感体验、科学精神与审美愉悦，也对教师与学生的行为、认知、情感、审美等诸多方面发挥着非常积极深刻的影响。因此，我们应该重视心理环境的设计。

一般来说，根据设计规模与范围的大小，学校心理环境的设计可分为学校水平、班级水平、活动水平三种类型。

四、高职院校教学物理环境的创设

（一）高职院校教学物理环境的概念及构成要素

高职院校教学物理环境是指由高职院校教学所依赖的物理条件和物质基础所构成的整体。高职院校教学物理环境的构成要素主要包括以下几方面。

1. 高职院校教学的时空环境

高职院校教学的时空环境主要包括班级规模、教学时间的安排以及座位的编排方式等。

班级规模的大小主要与班级内的学生人数、教师的空间密度有着非常紧密的联系。班级规模的大小会对教师和学生的共同心理感受产生影响，如果班级规模小，教室过于拥挤，教师和学生往往会产生好斗、烦躁不安、富有攻击性、无助感、压抑等不良反应，此外也会对学生参与课堂教学活动的机会产生影响。

座位编排方式主要指桌椅在教室内的排列形式，常见的教室桌椅排列的形式有小组式、马蹄形、队列式、横排式等。就座位编排来看，不同的桌椅排列形式，可以将教室分成各种不同的学习活动区域，这样不同的排列形式也就具有了不同的功能和空间特征。它既会对教师和学生的沟通、交往及人际关系的建立产生影响，同时也会影响学生的学习成绩、学习态度、学习动机和课堂行为等。

通常来说，教师更为容易对坐在教室前三排和中间的学生进行控制，因此这些区域的学生在课堂的行为是积极的；相反，教师很容易忽视坐在后排的学生，或对这些学生放松约束和要求，这些学生可能会认为教师不注意自己，从而产生消极的行为，或者通过做出过分的行为来引起教师对自己的注意。

在高职院校教学实践中，为了降低教学的混乱程度，维持课堂秩序，一些教师倾向于选择横排式来对教室座位进行排列，将那些喜欢吵闹的学生安排在讲台附近，以便于对这些学生进行约束和控制，或者将这些学生安排在教室后排，放弃对他们的教育。总体来说，所有的座位编排方式都有着其自身的特点和各自不同的使用条件。与横排式相比较，小组式、队列式、马蹄形等座位编排方式更具有灵活性，教师更加容易对学生的自主、合作、探究式的学习活动进行指导。

2. 高职院校教学设施

高职院校教学设施是在教学活动中所必须具备的基本用具，如图书资料、桌椅板凳、体育器材、实验仪器以及各种电教手段等。其中，高职院校教学设施的数量会对学生在教学活动中的参与程度产生影响，高职院校教学设施的质量也直接关系到能够满足教学活动的实用性。

3. 高职院校教学的自然环境

高职院校教学的自然环境主要是指学校的校园环境、教室的格局和位置、教室室内的布置，以及学校的地理环境等。从心理学的角度来看，教室室内的布置，如教室的温度、光线、色彩等，通过对教师和学生的感官，产生作用来影响教师和学生的心理状态，从而对整个教学产生潜移默化的影响。

（二）高职院校教学物理环境的功能

在高职院校中，良好的教学物理环境能够对建立良好的师生关系，促进学生的全面发展，灵活、多样的教学手段和教学方法的运用，教学心理环境的积极营造，综合个性化的教学组织形式的选择等产生非常重要的推动和促进作用。尤其是在师生关系、学生全面发展、教学心理环境方面，教学物理环境的作用表现得更为突出。良好的教学环境不仅能够减少学生分心，把拥挤降到最低程度，而且能增进学生的安全感、改善他们的舒适度、激发其学习兴趣。

1. 保障安全,增强心理安全感

通常高职院校可以为学生提供一个适宜的环境以保障其身体安全,但很少考虑这种环境是否对学生的心理安全有利,这就在一定程度上对学生的学习产生影响。这里所说的心理安全,是指高职院校学生自身的感受,即学生认为学校是一个好去处和舒服的好地方的态度和观点。

通过将高职院校教室变得更加“柔和”,以呈现出明快、暖色调的风格,对于创造出舒适、安全的教学环境是非常有帮助的。将教室的空间安排得更加合理,降低学生可能受到的干扰因素,以此来提高学生的心理安全感。如果教室环境过于拥挤,学生就无法高度集中精神和注意力来听从教师的指导和组织教学,同时这种环境也更加容易使学生出现心理压抑的状态,如情绪低落、烦躁不安、缺乏自我控制或囿于自己的心理世界等。另外,宽敞、明亮的教室格局以及积极、简洁的教室室内布置,能够很好地增强学生积极的情绪情感体验。

根据相关研究表明,浅红色和深黄色容易使学生情绪激动,浅蓝色和浅绿色容易使学生心情保持平静。

2. 有助于师生和学生之间的交流

学习应该是“自主、合作、探究”式的,也就是说,需要尊重学生的主体地位,发挥学生自主性,强调培养学生的合作能力,培养和锻炼学生发现问题、分析问题、解决问题的意识和探究能力。这就要求高职院校教学中的各方面都要与之相适应。良好的教学物理环境应该通过合理的教室结构布局,以及灵活的教学设施布置,如图书资料、桌椅板凳等,将以学生为本的价值取向和教学理念充分地体现出来,以便为师生之间的交流、学生之间的合作建立一个良好的平台。

3. 促进学生的认知学习行为的发生与发展

相关研究证明,要想顺利地开展智力活动,就要有适当的物理环境来进行保障,如颜色、光线强度和环境温度等。实验研究表明,20 ~ 25℃是最适合学生进行智力活动的教室温度,每超过 1℃,就会相应地降低学生 2% 的学习能力,若教室内的气温超过 30℃时,就会使学生大脑消耗明显增加,从而大大降低和减少学生的智力活动水平和活动持续的时间。[①]所以，使大脑环境保持适宜的温度，能够有效地提高大脑解决问题和处理信息的能力。

综上可知，教学的物理环境能够对学生的认知学习行为的发生和发展过程产生直接或间接的影响。通过改善和提高各方面的条件，创设良好的高职院校教学物理环境，有助于学生认知活动的顺利开展，提高学生的智力活动水平，延长活动的持续时间，从而对学生的成长和发展起到很好的促进作用。

（三）高职院校教学物理环境创设的原则

1. 将学生的全面发展作为根本出发点

作为学生学习和掌握知识的地方，学校更应重视学生的成长与发展。除了让学生掌握相应的知识外，更重要的是让学生保持心理健康，健全人格，还要使学习能力、适应能力、独立思考能力、独立做事的能力和合作能力等多方面的综合素质得到有效地发展和提高。

2. 服务教学原则

高职院校教学物理环境存在的根本指向和意义就是要为教学服务，它是为教学提供必要支持的系统。所以，学校中的自然环境以及教室的布局与位置、教室室内的布局结构、教室中座位的编排方式、配备的教室设备等等，这些都是服务于具有特定目的的教学，从而更好地实现教学目标。

良好、健康、积极的教学环境能够为教学提供最为基本的物质基础，同时它也是有效的、有意义的课堂教学的基本生长点。所以，创设教学物理环境时，要始终坚持服务教学的原则。

此外，在进行高职院校教学物理环境创设时，还要掌握好“度”，在创设良好的物理教学环境的过程中，要注意避免出现“形象工程”“喧宾夺主”“华而不实”等问题。

---

① 单林波．高校教育管理体系构建研究[M]．北京：首都师范大学出版社，2022：94.

3. 个性化原则

所有学校的共同理想和心愿就是要进行独特的学校文化的打造和培育，以形成学校自身个性化的教学理念。而学校教学物理环境和物质环境的营造与创设是对学校文化与教育教学理念最为直接的体现。

一所学校的精神要旨可以通过这所学校的文化体现出来，学校文化能够在学校的方方面面得到体现，同时也会对学校基本的运动管理行为模式和学校师生的共同行为表现产生影响。很明显，学校文化最为明显的表征是校园环境（包括教学物理环境），这也是组成学校文化的重要的有机部分。从宏观上看，教学物理环境会对整个校园形成的精神气质产生间接的影响；从微观上看，会对学生的学习效果和学习质量产生直接影响。

五、高职院校教学心理环境的创设

作为一个完整的系统，高职院校教学活动主要是通过教师、学生与环境之间的作用互相影响而不断地进行生成和变化的。作为教学中一个独立的个体，在教学活动的参与过程中，教师和学生具有非常独特而又鲜明的情感和思想，他们通过相互之间动态的对话、交流和沟通，从而组成了一个丰富多彩的教学活动。所以，营造良好的、适切的教学环境，有助于提高教学的质量。

实验研究表明，高职院校教学心理环境是否愉悦会对学生的学习效果产生较大的影响，并且会向教师进行反馈，从而对教师的教学行为和心理态度产生影响。良好的教学心理环境，在实现教学目标、建立和谐师生关系、提高学生的学习动机和学习效率、增强学生学习动力等方面有着非常重要的推动作用。

（一）积极的高职院校教学心理环境的外在特征及其功能

高职院校教学心理环境根据教师和学生的行为模式、心理趋向，以及师生关系的和谐程度、师生之间的互动状态等，可分为对抗的、消极的、积极的三种基本类型。这三种不同的教学心理环境有着不同的特征，对教学效果、教学管理、教学组织等有着不同的影响和作用。

对抗的教学心理环境,其外部特征主要表现为:课堂教学氛围失去控制,学生们故意捣乱、随意插嘴、各行其是、过度兴奋,注意力完全没有放在学习内容方面,教学转变为对秩序的维持;师生之间不能进行有效的互动;教师缺乏有效控制和调节学生的行为。

消极的教学心理环境,其外部特征主要表现为:学生反应迟钝、心不在焉、拘谨、紧张,被动服从或无视、排斥教师的教学活动;对学生的行为,教师缺乏积极的回应;师生之间处于割裂、分离的状态,缺乏相互信任和有效的互动。

积极的高职院校教学心理环境,其外部特征及其功能主要表现在以下几个方面。

1. 自主性

自主性是指学生在教学过程中处于主导地位,教师能够发挥主导作用,并且学生在拥有心理安全感的基础上能够获得一定的自主空间。从学生的角度来看,自主性主要表现为自主人格所带来的自主学习动机、自主学习行为和自主学习意识的实现,整个学习过程都是在学生已有水平和已有能力基础上的,能够满足自身需要。

这种教学心理环境能够为教师和学生提供一个非常积极的交流机会,以及良好、和谐、畅通的交往氛围,大大地缩短了教师与学生之间的心理距离,这在一定程度上使得学生更加乐意学习。这也为真正地发挥教师的主导作用,对学生的创造性思维进行启发、引导和鼓励,培养学生的创造能力提供了更大的可能。

2. 互动性

互动性是新型教学关系典型特征的直观体现,它是指在高职院校教学活动中,教师和学生情感、信息的交流与相互作用。这种互动既包括教师与学生之间的互动,也包括学生与学生之间的互动;既包括交流有形的知识信息,也包括交流无形的态度情感。知识信息的互动与交流,是对“教学相长”的充分体现,通过及时了解学生理解和掌握教学内容的程度和情况,教师对教学策略、教学方法和教学速度进行合理的调整。情感态度的交流与互动,可以使教师与学生之间的情感体验得到进一步加深,使教师与学生之间的心灵沟通增加,加强学生对教师的信任,减少教学对抗,降低学生的过敏性焦虑,强化成就动机,最终使学生形成乐观、自信、健康、自尊的学习心态。

3. 创造性

创造性是积极教学心理环境的重要特征之一，它主要是指鼓励、支持、启迪和包容教学活动中参与者勇于进行大胆想象、推理、判断。创造性课堂教学心理环境的形成，要依赖于学生的心理自由感和心理安全感。随着教学创造性氛围的成熟和学生创造性思维的发展，它也会对学生的心理自由感和心理安全感产生作用，从而使教学环境变得更加成熟、稳定。创造性的教学氛围主要包括发散性思维，肯定、积极、鼓励的评价，激励创造的兴趣与习惯，有意识地组织创造性活动等。

从学生的角度来看，激励、引导创新的课堂气氛，除了能够帮助他们很快树立敢于创新的意识外，还有助于提高他们的有效创新能力。

4. 平等性

平等性是积极教学心理环境下高职院校教师与学生交往方式的非常显著的特征，它是指教师和学生在教学活动中，无论是人格还是地位都是平等的。在高职院校教学活动中，教师和学生之间的交往方式主要取决于服从、认同和同化三种不同水平的师生关系状况。

在服从水平的师生关系中，教师根据学校具体的规章制度，使学生对教师的安排无条件服从，学生对教师的教育与指导完全听从，大多数情况下，教师的权威是不容挑战的，从而产生了教师进行灌输，学生被动接受的情况。

在认同水平的师生关系中，教师是凭借自身的人格魅力和学识来赢得学生的尊重和认可。

在同化水平的师生关系中，教师与学生处于平等的相互关系之中，教师支持和鼓励学生敢于挑战书本、挑战教材、挑战教师，从而形成了民主协商、平等对话的师生关系，这为更好地发展学生的创造性思维和自主性意识提供了更大的可能。积极的教学心理环境能够使教师与学生的关系向着认同和同化的水平发展。反过来，教师与学生之间关系的发展与成熟，也能促进教学心理环境更加成熟、积极和稳定。

（二）营造积极的高职院校教学心理环境

高职院校教学心理环境受到诸多方面因素的影响，如高职院校教师与学生各自的自身因素、教学目标、教学方法与内容、教学的组织与评价，以及教师与学生、学生与学生之间的互动等。其中，高职院校教学活动的主要构成要素，如教学目标、教学方法与内容、教学组织形式与教学评价等，既是创设积极教学心理环境的前提，也是营造积极教学心理环境的基础。

1. 创设积极教学心理环境的原则

（1）建立正确的教师价值观，转变教师教育思想观念与态度。教师的行为是由教师的价值观来指导的。所以，教师要具有现代的教育观、教育质量观和学生观，要密切联系学生，引导和促进学生的自我发展。教师只有不断地提高自身的职业素养，进而建立起正确的教师价值观，才能使教师的思想态度和观念得到转变，这样才能够形成良好的师生互动，从而营造出积极、健康的教学心理环境。

（2）转变教师教学行为，重塑教师教学风格。营造积极教学心理环境的关键是要逐渐形成尊重、谦和、民主、包容、支持的教师行为模式，对教师教学风格进行重塑。从本质上来讲，教师的领导是一种教师与学生之间的相互作用，其目的就是要促进学生的健康发展和进行有效的学习，从而使教育目标得以实现。领导方式的不同，对教学心理环境和学习效果也会造成不同的影响。实践证明，民主型的教师领导方式与风格的形成，既能遵循营造积极教学心理环境的原则，同时对于促进教学整体的发展有着非常重要的作用。

2. 营造积极教学心理环境的策略

（1）建立积极、恰当的教师期望。对于学生的发展来说，教师对学生的期望起着非常重要的作用，从某种层次来说，教师的期望对学生的自我期望有着决定性作用，并对学生的学习程度产生影响。

（2）加强师生之间的非语言交流，重视隐性课程的教育作用。在高职院校教学活动中，调动学生的积极性，激发和维持学生学习的积极性，在很大程度上都是依靠师生之间的非语言交流，这就要求教师要善于运用非语言的沟通方式来营造教学心理环境。在教学活动中，教师自然、真诚、亲切的表情，除了可以使学生的对立情绪和紧张情绪得以消除或缓解外，学生能够亲身感受到来自教师的爱护与关怀，并能够使学生对教师的依赖和尊敬从内心得以萌发和增强，使学生对教师的悦纳感和心理安全感得到增强。积极、良好的情绪可以改善学生对教学活动的态度，调动学生的积极性，同时也有助于调动学生的情绪。

（3）给予学生自主学习的空间和自由，鼓励学生自信、自强。积极教学心理环境的自主性和创造性是其两个重要的特征，学生的自主学习动机、自主学习的行为、自主学习的意识，以及对学生创造性能力的培养，都依赖于学生的自主学习空间、自由，以及自强、自信的心理品质。

（4）及时给予学生有效的反馈。及时反馈除了包括对有形知识信息的反馈外，还包括师生之间的情感交流与反馈。这不仅有助于教师对学生的学习状态进行及时的了解，同时这也是教师关心和关注学生的重要体现。使学生感受到教师的重视和关注，对学生学习的积极性的维护、顺利开展教学互动、形成良好的师生关系等有着非常重要的作用。

3. 需要注意的问题

（1）关注学习困难的学生。教学心理环境的营造是由教师和学生共同进行的。积极的教学心理环境，除了由教师的教学水平决定外，学生对教师的态度和认可也是其中较为重要的一个因素，特别是学习困难的学生的态度。这就要求教师要充分地关注学习困难的学生，并寄予其期望，对这些学生的发展潜力进行挖掘。根据罗森塔尔效应，教师对学生的关注与期望对于学生心理环境的变化有着积极的影响，有助于学生学业成绩的不断提高。

（2）避免对学生进行心理惩罚。心理惩罚是指老师通过采用语言或非语言行为，有意地对学生施加一定的心理压力，这种压力会对学生的心理造成伤害。

在高职院校教学活动中，教师往往会对学生的言行举止采用言语形式进行消极强化的心理惩罚，以使学生在心理上产生恐惧、焦虑、紧张等情绪，对学生的心理造成伤害。教师在教学中有意或无意的非言语行为，如一个动作、一个眼神等，都有可能会对学生造成一定的变相的心理惩罚，从而造成教学氛围的紧张、压抑，甚至是师生关系的僵化。这就要求教师在教学中要注意避免对学生进行心理惩罚。

六、高职院校教学环境的优化

所谓高职院校教学环境的优化，实际上就是指依据某些特殊的要求，对整个高职院校教学环境中的诸多因素进行选择、分析、重组、控制与改善，以保护或发挥教学环境中的有利因素，同时抑制或消除各种不利因素，从而使教学环境达到最佳状态，最终促进师生的身心健康与教学活动的顺利进行。

（一）高职院校教学环境优化的重要依据

通常来说，高职院校教学环境的优化应重点考虑以下几方面的要求。

1. 学校培养目标

学校培养目标具体、明确地规定了人才培养的各方面规格与具体质量要求。这也是学校各项工作的出发点、落脚点与最终归宿。优化教学环境，这在一定意义上主要是为了更好地实现学校培养目标。对于教学目标的优化，不仅要以特定的培养目标作为依据，同时还必须体现出对学生培养目标的本质要求。

2. 学生的身心发展特点与规律

在进行学校环境的优化时，应尊重青少年学生的身心发展特征。这是优化教学环境首先必须遵循的基本规律，同时也是判断教学环境良好与否的重要衡量标准之一。

3. 外部环境的影响

外部环境是影响学校环境的重要因素之一，其发生的任何变化都会或多或少地影响、改变学校的整体教学环境。学校环境是随着外部环境的变化而变化的，因此，必须做好以下两方面的工作：其一，与时俱进，充分利用外部环境中的有利因素营造和谐、健康、丰富多彩的学校教学环境；其二，必须采取各种必要的措施，对各种不良的社会风气与因素进行预防与抵制。

4. 学校的实际情况

对于教学环境的优化，其实并没有一个十分绝对的标准或统一模式。教学环境的设计与优化要以校为本、扬长避短，突出自身的优势。只有充分考虑本校实际情况与经济条件，才有可能创建富有个性化的、健康和谐的教学环境。

(二)高职院校教学环境优化策略

在高职院校教学环境设计的基础上，如何进行教学环境的优化，必须思考两个问题：一是优化什么，二是如何优化。这两个问题是进行高职院校教学环境优化的关键。具体而言，我们应从以下几个方面入手。

1. 确定需要优化的高职院校教学环境因素

通过SWOT分析法，我们首先要对高职院校教学环境中存在的优势与劣势，所面临的机遇与威胁进行全面分析；其次，找出高职院校教学环境中存在的问题；最后，依照问题的轻重缓急与影响程度确定需要优化的问题。

2. 制定高职院校教学环境优化的实施方案

在明确了高职院校教学环境中存在的问题后，就需要制定高职院校教学环境优化的具体方案。

3. 优化高职院校教学环境的方法

在进行高职院校教学环境的优化时，应树立以人为本与系统整体的观念，综合考虑各种环境因素，扬长避短、强化优势、转化劣势。

一般来说，优化高职院校教学环境的方法主要有整体协调法、增强特性法、利用优势法、心理定式法、适应强化法以及自控自理法等。在运用这些方法进行教学环境的优化时应注意以下几方面的问题：

首先，教师必须对学生优化教学环境的活动进行一定的指导。

其次，教师应重点培养良好的学生集体。良好的学生集体对学生个体的身心发展能够产生巨大的影响，这是由于学生良好的品行基本是在集体环境中形成的，因此，可以通过培养健康、和谐的学生集体来影响每一名学生。这也是培养学生自控与自理能力的一个非常关键的途径。

再次,教师给予学生充分的尊重和信任。

最后,教师还必须积极鼓励学生在建设与管理教学环境的活动中充分显示自己的才能,展现学生对美化环境的追求。

第三章 高职院校教学质量提升管理研究

第一节　高职院校教学质量管理的理论基础

20世纪90年代,“质量”这一概念首次出现在我国教育教学领域。从根本上来说,各级各类学校一般都拥有其自身的一套教学质量管理机制,以确保其教学工作的顺利开展。在这里,本书中所谈及的与教学质量管理相关的背景因素,即进行教学质量管理所处的环境相关的因素。

纵观世界各国的学校教学事业的发展,我们可以发现,大多数国家的学校教育普遍得到了长足的发展。在当代社会中,学校教育的发展愈加国际化、世界化,学生以及教职工的流动性变得更大了,这也就给资格证书的一致性和课程的国际化,带来了更多的压力。

在当前阶段下,世界上一些国家的政府为了削减用于学校教育方面的财政拨款,调整了相关的拨款方式,促使其国内各级各类学校不得不想方设法去拓展学校发展资金的来源与思考资金取得的方式。从本质上来说,这种变化常常随着政府控制学校教育的机制的变化,其意味着更多的学校自主权、更激烈的竞争以及更加频繁的效能核定。在大多数国家,教学质量管理及其评价的引入,被看作是这些变化中的重要部分。

就学校自身而言,世界各国都有自己独特的学校教育体系。由于学校之间存在着层次之分,教学质量自然而然会引起人们的重视。特别是当前信息高度发达,教学资源共享程度日益加强,学校之间的竞争也日趋明显,争取生源的现象日趋普遍。因此,各级各类学校普遍把教学质量摆在了工作首位。

一、教学质量管理内涵

所谓教学质量管理,就是指对形成教学质量的全过程以及各个环节进行管理,同时将有关人员组织起来,另外还要将影响教学质量的多种因素进行调控,从而保证在形成教学质量的过程中减少差错,并且逐渐提高教师教和学生学的质量。[①] 由此我们可以看出,进行有效的教学质量管理是提高教学质量的一个重要途径。

在当代社会中,越来越多的人开始认识到,教学质量不是通过较高的考试分数实现的,而是教师教出来的、学生学出来的。从这个角度来看,对于整个教学过程的管理就显得尤为重要。教学过程以及青少年身心健康发展的客观规律表明:如果平常对教学工作不够重视,不注意对教学质量形成过程的科学管理,而是不计后果地进行假期补课、加班加点,那么不但会极大地加重师生的负担,还会对师生的身心健康造成不良影响,也无益于教学质量的真正提高。

客观来说,教学质量的形成与产品质量的形成有着本质上的区别,考试也不能等同于产品的事后检验。然而,工作质量决定产品质量的基本原理,对生产和教学则是通用的。从这个角度来看,教学质量管理的重点应当放在平时的形成教学质量的全过程以及各个环节之上,而不是放在考试之上。

二、教学质量管理的内容与分类

(一)教学质量管理的内容

教学质量管理的内容是十分复杂的。具体来说,要做好教学质量管理工作,必须做好以下几个方面的工作:

第一,要对学校各个职能部门、各个教研组、各个班级的教学质量管理实施状况进行定期或不定期检查,以便对影响教学质量的各种因素进行有效的调控。

第二,在教学质量管理的具体实践操作中,必须做到及时发现、总结、交流、推广先进经验,同时表彰先进模范,督促后进。

第三,对于形成教学质量的情况,需要做到心中有数,依靠数据说话,而不能仅仅停留在用个别的案例来说明问题的水平上。

第四,在每学期开学前,教学质量管理人员要在总结上学期经验的

① 王国光.全面质量管理视域下高职院校实践教学质量管理路径研究[J].职教论坛,2021,37(11):60-67.

基础之上,提出下一学期各科教学质量的具体要求,制订相应的实施计划。

第五,在每个学期末,每位教师都应当根据学校的要求进行教学质量分析;分管教学工作的相关单位及各教学单位每学期至少对一门课程的教学质量作典型案例分析,还要在总结经验的基础之上,研究采取相关的改进措施。

第六,进行相关教育宣传,积极做好思想工作,发挥全校教职工的智慧,增强他们的教学质量意识,做到每位教师关注教学质量管理,并且能够积极主动、认真负责。

第七,建立、健全教学质量管理体系,由各校分管教学工作的校长(副校长)负责,将形成教学质量的人员集中组织到教学质量管理体系当中来,从而各尽所能,各司其职,让信息渠道保持畅通。

第八,在教学质量管理的过程中,可能会发生一些矛盾,相关领导及部门必须负责协调各方面之间的关系,处理好工作当中的各种矛盾。

(二)教学质量管理的分类

根据教学质量管理业务范围的不同,我们可以将其分为预防性质量管理、鉴定性质量管理和实验性质量管理三种类型。其具体内涵如下所述。

1. 预防性质量管理

这里所说的预防性质量管理,就是指各级各类学校的教务管理部门、院系教学负责人、教研组长等通过定期或不定期的抽样调查,了解教师的备课、上课、批改作业等的质量,了解学生预习、听课、复习、作业等方面的质量。不仅如此,他们也要从中总结经验,及时进行推广,研究解决所出现的问题。这样的预防性管理,能够防患于未然,也可避免教师与学生在各类考试之前再去“临阵磨枪”。

通过预防性质量管理工作,如果在教学过程中发现某些不合理的地方,也能够及时得以研究解决,这样可以有效防止或减少教学中的倾向性问题的发生。由此可见,预防性质量管理是提高教学质量的一种可靠途径。

2. 鉴定性质量管理

所谓鉴定性质量管理，是指对到了一定阶段的教学活动进行的质量检查和质量分析，因此其又被称为阶段性质量管理。例如，新生入学时，有的学校会进行摸底测验或者编班测验，从而及时地了解学生在上一个学段完成学习的情况，并且进行查漏补缺，这就属于阶段性质量管理。另外，每个学年对学生德智体美的全面发展情况进行相关分析评定，也可以属于这一种管理；而对毕业班学生德智体美全面发展的情况，进行质量检查和质量分析，总结经验教训，也是此种管理。

鉴定性质量管理不仅仅是提供一个对于教学质量的鉴定结果，其更主要的作用在于要求管理者和教师要做到信息全面，注重过程，尽量避免千人一面的虚假鉴定。

3. 实验性质量管理

在教学质量管理过程中，有一部分工作还需要经过科学研究和科学实验验证。如果最终证明是切实可行、行之有效的，才可以逐渐推广开来。这样能够提高教育工作者的自觉性，减少盲目性，使其遵循客观规律办事。

在现代社会中，学校是一个倡导开拓创新的阵地，不同的学科、不同的专业有许多课程都可以尝试新的教学方法。目前许多学校都提倡教师广泛开展实验性教育教学改革。在这种学校教学发展趋势下，各级各类学校的教务管理部门及各院系、教研室都应鼓励、指导教师开展实验性教育教学改革工作。

三、高职院校教学质量的特点

对于一所高职院校而言，要想有效地实施教学质量控制与管理，就必须首先认识到教学质量的性质与特点。从根本上来说，教学质量就是一所学校所培养出的人才质量。而人才作为学校的“产品”，与物化部门的产品质量相比是有本质区别的。以下就是学校教学质量所体现出来的独特特征。

（一）内隐性

一般来说，工业生产的质量可以通过其产品的质量来进行检测。例如，对于生产出来的玻璃砖，可以通过技术手段检测其承压力、透明度、光滑度、耐磨度等，以检测结果来反映玻璃砖的质量。但是，对于培养人才的教学活动的质量，就难以做出明确、直观的判断，也难以用某种具体的技术手段测量出结果，尤其是人的政治思想、道德品质、心理素质等方面更是难以量化。由此可见，教学质量具有内隐性的特点。

（二）综合性

教学质量的综合性是针对教学质量的影响因素来说的。学生是社会中的人，其始终是在开放的社会环境下成长的，因而影响学生质量形成的因素十分广泛复杂，且不是学校单方面就可以控制的。具体来说，学生身心发展质量的形成是遗传、环境、教育以及学生自身主观努力程度等多种因素交互作用、耦合而成的结果。从这个角度来看，影响教学质量的因素具有综合性的特点。

（三）不可贮存性

物质产品的质量可以通过一些技术手段的处理，如控制空气、温度、湿度等外在条件，而相对能够存贮和保持更久的时间。但是，人的质量却不能这样贮存。

客观来说，影响人的存在的因素具有开放性、广泛性和变化性的特点，因此人的身体、思想、观念、心理、知识、技能、智力、品德等都处在一个不断发展变化的过程中。当人所处的环境发生变化时，人自身也会随之而变。因此，人经过一段时间教育培养和环境影响所形成的人的质量与物质产品的质量是有着本质区别的，它不具有贮存性，不可能一成不变地被封闭或贮存起来。

综上所述，教学质量具有不可贮存的特征。具体而言，学生们已经形成的品质不可能被贮存起来。

（四）灵活性

教学质量的灵活性是针对教学质量的形成过程而言的。教学质量的形成是没有固定单一的模式可以遵循的。教育者必须针对不同学生的年龄特征和个性特点，机动灵活、有的放矢地因材施教。正因为如此，整个教育教学过程就充满了创造性和灵活性。

教学方法是多种多样的，但并不存在一种适合一切教学情境和教学内容的教学方法。从这个角度来看，如果教师能够恰当灵活地选取适当的教学方法，就更容易取得良好的教学效果。

综上所述，教学质量的形成并非只有固定、单一的途径。从复杂性理论的视角来看，教育是人类社会特有的更新再生系统，是一个由有序性和无序性、线性和非线性、理性和非理性相互交织而构成的复杂的巨系统。在教学质量的形成过程中，同一种方法可能会引起不同的结果，不同的方法也可能会导致同一个结果。[①]

四、高职院校教学质量管理模式

一般来说，按照不同的质量目标、质量标准、质量方针以及其实施策略等，可以将高职院校教学质量管理模式分为不同的类型。当前阶段下，各级各类学校教学质量管理模式主要有目标管理模式、全面教学质量管理模式、走动式管理模式等。在实际的教学管理过程中，学校管理者应当从本校发展的实际情况、本校教学所遇到的实际问题、本校发展战略等出发，选择适合本校实际情况的教学质量管理模式。

（一）教学目标管理模式

20世纪60年代，目标管理的概念开始被引入学校教育领域。所谓教学目标管理模式，就是指以学校教学所预期的最终成果为标准，以目标责任制的方法，对学校教学工作的质量进行科学的考核和有效的监督，从而激发学校管理者和广大教职工的工作积极性，最终提高教学质

① 谷陟云．高校教育质量文化研究：脉络梳理与路向展望[J]．高教探索，2021(5)：26-33．

量的管理模式。教学目标管理模式的核心是设定教学目标。对于一所学校来说,教学目标管理工作主要包括以下九项:论证决策、目标分解、定责授权、咨询指导、检查控制、调节平衡、考评结果、实施奖惩、总结经验。

1. 教学目标管理模式的基本特征

从本质上来看,教学目标管理模式具有以下三个基本特征:

(1)重视教学质量管理过程中人的因素。学校教学目标管理模式是一种民主的、参与的、自我控制的管理模式,同时也是一种把个人需求与组织目标结合起来的管理模式。在这种教学目标管理模式下,上级与下级的关系往往是平等、尊重、依赖、支持的;下级在承诺目标和被授权之后是自觉、自主和自治的。

(2)重视建立目标体系和责任制。在学校教学目标管理模式下,管理者一般是通过一定的设计将学校发展的整体目标逐级分解,从而转换为各班级、学科、各位教师的子目标。在对教学目标进行分解的过程中,管理者必须明确教学过程的权、责、利,同时各个子目标必须保持方向的一致性,做到相互配合,形成协调统一的目标体系。

(3)重视教学成效。高职院校教学目标管理模式必须始终围绕目标来进行各项教学工作的管理。它以制定目标为起点,并以教学目标的完成情况为评价的终结,同时按照每个教职员工所完成任务的程度、情况等而进行考核与奖惩。在这个过程中,管理工作必须始终围绕教学成效这一重要内容。

2. 教学目标管理模式的实施策略

(1)建立目标体系。所谓教学目标管理模式,就是指学校所有的部门及所有成员致力于实现总体目标,并在实现总体目标的过程中实现各个部门的具体目标和个人目标的范式。因此,实施目标管理模式的首要步骤就是建立一个完善的目标体系。

从整体上来看,学校的教育目标可以被分为四个层次,其从高到低分别为以下几个层次:

第一个层次是国家的培养目标,即培养全面发展的、符合社会发展需要的人才。

第二个层次是学校的培养目标。

第三个层次是各个专业、各学年、各学期的培养目标。

第四个层次是单元、课题、课时的教学目标。

总而言之，学校管理者必须真正明确上述目标层次，才能与教师一起积极投入到目标体系的建构之中。在建立目标体系的过程中，管理者还应当与教师一同制订相应的工作规范和工作质量评价方法，以使教学工作得以规范化、制度化、标准化。

（2）实施人本管理。在现代社会中，教学目标管理应该遵循人本管理理念。具体来说，教学目标管理必须重视教学过程中人的因素，在设定了科学、客观的教学目标之后，还应当重点实施过程中的人本管理，即充分调动教师依照目标进行自我管理的主动性、积极性。

除此以外，在实施目标量化评估的过程中，学校管理者必须做好教师的思想工作，注重教师的内在需求，激发其工作的主动性、积极性。

（3）完善管理机制。目标管理的一个基本原则，就是以所设定的目标为基本参照，实时监督和反馈教学任务的完成情况，以实施动态的教学管理。从这个角度来看，学校管理者应当努力建立健全高效、公正的管理机制，对教师完成任务的进度和质量进行公平、公正的考核，随时考查目标管理活动的运行状态是否与确立的目标体系相符。

（4）实施发展性评价。顾名思义，发展性评价就是一种旨在促进被评价者不断发展的评价方式。在实施教学目标管理的过程中，虽然注重行动的结果十分重要，但一定不能因此而忽视行动的过程，这就需要管理者积极运用发展性评价。具体来说，要在教学目标管理工作中实施发展性评价，管理者必须做到以下几点：

第一，对于教与学的考核评价不但要看学生学习的整体情况，同时更要具体分析学生取得的进步以及取得进步的原因，并针对每名学生实行增值性评价。

第二，针对不同水平、不同特点、不同专业的教师采用完全不同的评价标准，以便于形成不同水平层次的教师自信、自律、自强的良性循环。

第三，采用工作过程中的日考查、周积累、学期统计的方式，动态跟踪教学过程，并充分运用所收集到的数据资料来对教学过程进行灵活调控。

（二）全面教学质量管理模式

20世纪50年代末，全面质量控制之父费根堡姆和质量管理专家朱兰提出了“全面质量管理”的概念。全面质量管理的基本含义是：全体人员参加质量管理，实行生产全过程的质量管理，对产品的各个方面进行质量管理，因此也称为“三全”质量管理。[①]全面质量管理高度重视人力资源的开发和利用，强调在尊重人的前提下，注重战略规划、全员参与、团队精神和协调工作，其目的在于通过顾客满意及本组织所有成员受益而达到长期的成功。到了20世纪60年代，全面质量管理理论成为西方管理学界非常流行的一种管理理论。

在当代社会中，随着社会的不断进步与发展，全面质量管理理论已经被应用到了教育领域。于是，全面教学质量管理模式应运而生。

1. 全面教学质量管理模式的特点

全面教学质量管理模式的特点集中体现为教学质量管理和控制的全面性，这主要体现在以下三个方面：

（1）重视全员管理。全面教学质量管理涉及教学系统内的每一个成员，是全员性管理。全面教学质量管理模式非常重视全员管理。人的主观能动性及潜能的发挥，是质量制胜的关键。

对于学校管理者来说，其必须充分挖掘每一名教师和学生的潜在力量，使教师的主导作用和学生的主体作用得到充分发挥。同时，管理者还应当为每一名教师制定出明确的质量责任，要求他们对自己所做的工作负责。

（2）重视工作全局管理。客观来说，教学质量管理涉及教学工作的方方面面，是对教学工作全局的管理。因此，全面教学质量管理模式非常重视工作全局管理。具体来说，其要求管理者不仅要妥善安排好以教学为中心的各项学校内部工作，建立教学工作协调机制，避免工作中的冲突和摩擦，减少教学管理中的内耗等，而且还要综合分析家长状况、社区背景以及地方教育行政管理状况等因素，争取家长、社区和教育行政部门的理解和支持，为提高学校的教学质量提供良好的外部环境保证。

---

① ［瑞典］桑德霍姆．全面质量管理［M］．段一泓，译．北京：中国经济出版社，2003：227.

（3）重视教学全程管理。全面教学质量管理涉及教学工作的每一个程序，是对整个教学过程的管理。在全面教学质量管理模式下，教学管理者要充分注意每一个教学环节，只有各个教学环节的质量上去了，学校教学的整体质量才能得到充分的提高。

在教学全程管理中，学校管理者应建立一套完善的激励和监控制度，根据教师的能力与专长、所教学科的特点以及生源质量等方面的因素，有针对性地提高各位教师在教学过程各环节的工作积极性和工作质量，实现教学过程的最优化。

2. 全面教学质量管理实践

在实施全面教学质量管理模式的过程中，学校管理者应当着重抓好影响教学质量的各个因素、各个环节和各个方面。具体而言，管理者应做好以下几个方面的工作：

第一，不断推进教学手段、方法和设施的改进与完善。

第二，做好学生的预习、听课、复习、作业和考试。

第三，做好教师的备课、上课、课外辅导、作业批改、考查评定等工作。

第四，做好教学工作中的计划、组织、实施、检查和总结等工作。

第五，不断强化广大教师的质量责任意识，增强他们为提高教学质量而不断做出努力与探索的主观能动性和创造性，并从管理制度层面使各个部门和各个成员都明确自己的质量责任目标，并各司其职。

（三）走动式教学质量管理模式

1982 年，美国管理学者汤姆·彼得思（Tom Peters）与罗伯特·瓦特门（R. H. Jr. Waterman）出版了《追求卓越》（*In Search of Excellence*）一书。在该书中首次提出了走动式管理（MBWA，management by wandering around）的概念。所谓走动式管理，就是指管理者不应当仅仅局限于办公室的空间，而应当深入基层、到处走动，以了解更丰富、更直接的员工工作问题，并及时找出解决所属员工工作困境的策略，最终提高组织的工作绩效。

1. 走动式教学质量管理的内涵

根据走动式管理的概念，我们可以引申出走动式教学管理的概念，即通过学校管理者直接与一线教师的接触和了解，收集最为直接有效的学校教学信息，以弥补学校正式组织渠道方面的不足。

从整体来看，学校教学管理系统是一个层级的结构，上情下达与下情上达都要经过一系列复杂的组织环节，而信息每经过一个环节都可能会有所衰减。走动式教学质量管理有助于弥补正式组织中信息传递时出现的信息衰减等问题，并且能够帮助学校管理者在第一时间发现学校教学中存在的问题，从而通过及时沟通尽早发现并解决问题，最终提升教学质量。

2. 走动式教学质量管理的实施要点

在实施走动式教学质量管理模式时，学校管理者必须重点做好指导与协助这两个方面的工作。

（1）指导。在走动式教学质量管理中，学校管理者扮演着指导者这样一个角色。因此，其必须放下自身居高临下的领导者地位，切实去指导教职员工做好各项教学工作。当发现一些教学工作中的问题时，要能够平心静气地帮助教职工人员查原因、找症结，并给予必要的指导，而不是大呼小叫，指责或惩罚出现问题的人。

从根本上来说，走动式教学质量管理就是要通过有意识地指导、引领的方式来进行，而不应以简单粗暴的命令形式来干涉或是以剥夺教师的教学自主权的方式来解决问题。

（2）协助。在走动式教学质量管理中，学校管理者除了要给予教师一定的指导外，还应当为教师的各项教学工作提供必要的协助。从本质上来说，实施走动式教学质量管理的关键在于通过获得真实信息，与教职员工共同分析和解决问题，提高学校教学管理的效能。因此，当教师遇到问题需要解决时，学校管理者要作为教师的参谋，在充分信任和发挥教师自主权的前提下，协助教师及时、有效地解决问题。

3. 走动式教学质量管理的原则

学校管理者在实施走动式教学质量管理时，必须遵循以下几项基本原则。

（1）直接接触原则。这里所说的直接接触原则，就是指学校管理者在走动式教学质量管理中要保持与教师、学生的直接接触。具体来说，就是学校管理者不能仅以办公室为其活动区域，还要经常到教室、操场、食堂、宿舍等处走动。从某种意义上来说，我们可以把走动式教学质量管理看作是一种“看得见”的管理方式。毕竟学校管理者只有与教师、学生面对面接触、交谈，才能够及时了解一线教学的真实情况。在实施走动式教学质量管理时，学校管理者最好随身携带笔记本之类的工具，以便于及时记录观察到的现象、发现存在的问题等。

（2）不定期原则。学校管理者在进行“走动”时往往需要有一个大致的周期，但并没有完全固定的时间。例如，学校管理者一有时间就可以到处走走，观察课堂教学、体育活动、实验教学等的开展情况。学校管理者只需要在教师常态教学情况下，走进课堂听课，课后与教师一起分析上课的具体情况、收获和存在的不足。

（3）倾听原则。在走动式教学质量管理中，学校管理者与教师、学生之间是一种建立在相互尊重基础上的平等关系。学校管理者是以一个服务者的身份倾听意见、建议，而不是凌驾于师生之上的视察或考核。从这个角度来看，学校管理者实施走动式教学质量管理时必须遵循倾听原则，即在与师生沟通、交流的过程中，学校管理者要体现出热情的关怀和和蔼可亲的态度，要做一个有耐心的倾听者，从而及时获得第一手的信息。

第二节　高职院校教学质量管理具体过程分析

从整体来看，高职院校教学质量管理过程可以分为两个阶段，第一阶段是决策与计划，第二阶段是组织与实施。本节内容主要对高职院校教学质量管理过程进行系统的论述。

一、决策与计划

具体来说,在决策与计划阶段,教学质量管理工作依次要做好以下几个环节的工作。

(一)决策

1. 发现问题

一般来说,在质量管理工作中,决策工作往往是从发现问题开始的。问题能否被发现,不仅仅是业务水平的问题,而且还是政治思想水平的问题。从根本上来说,教学质量管理中的问题是能否贯彻执行国家的教育政策方针的问题,是能否为社会主义建设培养合格接班人的问题。

在当前阶段下,我国各级各类学校的教学工作和管理工作中还存在各种各样的问题,而且管理者往往不能及时地发现、解决这些问题。之所以存在这种情况,一个十分重要的原因就是学校领导缺乏应具备的业务水平和政治思想水平。即便他们发现了问题,也常常是束手无策。因此,为了促进学校教学质量管理的发展,领导层一定要拥有善于发现问题的能力。

总而言之,学校管理者都必须明白,现在的学生终将会成为建设社会主义的生力军;要明确我国综合国力、经济发展能力的提升,取决于劳动者本身的素质;必须改革那些不适应时代发展和需要的教育思想、教育体制、教学方法和管理思想、管理体制、管理方法等。只有这样,才能真正满足为社会主义现代化建设培养人才的需要。

2. 确定目标

在当前阶段下,我国各级各类学校有着明确的教育目标,即培养有社会主义觉悟的、有文化的、身体健康的劳动者,有理想、有道德、有文化、有纪律的一代新人。为了最终实现这一教育目标,学校管理者都必须按照国家的相关规定,制订每个学年、学期提高教学质量的具体目标。

由此我们可以看出,在教学质量管理过程中,从校长、教务主任到教职工,每个人都应当制订个人目标,以切实保证教学质量的提高。

3. 确定准则

从整体上来说,各级各类学校教学质量管理的准则应当包括学术价值、社会价值和经济价值。其具体内涵如下所述。

所谓教学质量管理的学术价值,就是指实现学校教学目标的具体措施、方法、途径等是否符合教学客观规律和教学基本原则,是否达到了同类型学校中的先进水平,是否符合现代科学管理等。

所谓教学质量管理的社会价值,就是指选择某个学校发展方案之后所产生的社会影响、社会效益等是否有利于培养社会所需要的人才。

所谓教学质量管理的经济价值,就是指是否符合勤俭办学的基本原则,能否充分利用本校的器材设备。另外,在人力资源安排、物力的使用上,能否做到人尽其才、物尽其用。

4. 拟制多样化方案

拟定多种方案,就是指各个方案之间需要有一定的区别,当然也不只是有细节上的差异。在制订方案时,创造性的见解往往是十分重要的。水平高、能力强的管理工作者应该在这方面得到充分的体现,从而促进决策的多重选择性。

对于各级各类学校而言,其内部的学科、专业之间具有显著的差异,不同学科、专业的教学方式也表现出显著的区别。因此,在实施教学质量管理时,各级各类学校必须根据本校的实际情况,采取不同的教学质量管理方案。

5. 分析评估

具体来说,分析评估工作就是对之前制定出的各项方案的利弊得失进行全面的分析与比较,从而有利于优化决策,选择出最为合适的方案。我们可以请校内外的专家教授组建专家组,对不同的方案进行评价,择优使用。

6. 方案选优

方案选优并不意味着只取其中的一种方案,也可以在综合几个方案的优点之后,在原有方案的基础上做出一个切实可行的、更加优秀的方案。一般来说,选择多种优秀方案并对其进行综合比只选择一种方案的效果更好。

7. 试点

在选定某一方案之后，为了证明方案的可行性，可以进行局部试点。既然被称为试点，那么这个“点”就需要在全校具有较强的典型性，绝不能允许试点存在过多的特殊条件。

需要指出的是，在进行试点工作时，选择的“点”不能过于优秀，以证明领导者的决策英明。这样的做法本身就是错误的，不论最后试点的结果是成功还是失败，都没有任何实际的意义。

在教学质量管理实践中，对于上述决策的程序步骤绝对不能生搬硬套，而应当依据学校的实际情况进行取舍。决策工作的成效关键要看学校领导是否善于走群众路线，能否激发教师的聪明才智，从而群策群力、集思广益。如果能做到的话，那么即便是决策程序步骤当中较为困难的几步，也能轻松走好。如果不能做到的话，那么即便是拿出一个所谓的“方案”，也不过是生搬硬套的，没有任何的选择余地，只能是说空话，走形式。如此一来，学校领导的思想作风如何，就可以在这个问题上充分反映出来。

一般来说，经验丰富、水平较高的学校领导干部往往能够将教学质量管理的决策工作做得十分顺畅，并能够把工作中出现的问题当作工作反思的镜子，自觉地提高思想水平，改进管理工作。

（二）计划

1. 有的放矢，重点突出

学校的教学工作可谓千头万绪，错综复杂。即便是办学条件好的学校，每个年级、每个学科的发展状况也不总是较为平衡的。因此，在一系列的工作过程中，要选准最为薄弱的环节，组织力量重点进行突破。

2. 发动群众，统一认识

在制订计划时，有时正确的意见或措施，往往在最开始不为人们所接受。不过，经过发动群众进行充分的讨论，尤其是经过实践的检验，正确的意见最终会被承认、接受和支持。因此，有效地发动群众（即学校的管理层、教师及其他员工),从而统一大家的认识,有利于实施教学质量管理计划。

3. 上下结合,协调全局

在学校教学质量管理工作中,上级部门布置的任务必须和本校的实际情况相结合。具体来说,学校领导的要求必须与各个职能部门、各个教研组、各位教师的要求相协调。对于教师来说,要求其能够从学生的实际情况出发,并化为学生的自觉要求。

具体来说,教师必须认真学习并且正确领会上级指示的精神实质,对教学工作的实际情况、基本经验、主要问题等进行深入的调查和研究,从而全面了解各项工作的全貌。否则,教师在制订计划时就容易犯主观主义、教条主义的错误。

4. 远近结合,统筹安排

如果有长远计划和近期目标,那么工作的方向就会非常明确,视野也随之十分开阔,能够加强工作的系统性和继承性,从而有效地避免盲目性、滞后性等问题。一般来说,学校管理者在制订学校教学工作的长远计划或近期目标时,必须做好以下几个方面的工作:

第一,依照人口数量、城市或者农村的规划建设、教育事业的相关发展规划,确定每年招生人数。与此同时,还要保证每年应届毕业生在德智体美多个方面能够达到基本的要求。

第二,确定学校在近几年里教学质量提高的幅度和相关措施。

第三,制订出逐步改善学校设备的计划或方案。

第四,确定近几年内学校领导和教职员工需要解决的问题和解决的相关途径,让其尽快适应变化发展的需要。

客观来说,远近计划的结合可以使计划的方向更为明确,有助于稳扎稳打逐步实现目标。通过不断的实践,可以总结出各种各样成功的经验,有利于处理好所出现的问题,为计划的最终实现提供相应的保障。

二、组织与实施

（一）安排好教务处工作

对于各级各类学校来说，教学质量的管理是学校整体工作中非常重要的一环。如果处理得当，那么教务处、图书室、校医院、实验室、体育室等部门的职工就可以各司其职、各尽所能。在这种情况下，教学质量管理系统可以具有十分灵活的反应力，指挥渠道和反馈路线畅通无阻，有助于提高教学工作质量。相反，如果教学质量管理工作没有做好，则很容易出现信息不通、指挥不当、上下隔阂、各自为政、秩序混乱的局面，最终制约学校教学质量管理水平的提高。

在具体安排的过程中，学校管理者需要做好以下几个方面的工作：

第一，校领导要高度重视教务工作，认识到教务工作是教学质量管理体系中不可缺少的部分。

第二，明确教务处是两个反馈的中心。在学校内，由教务主任联系教研组以及班主任这两条线，让教学的相关信息渠道得以保持畅通。而教务工作人员需要及时将反馈信息传递给决策层。除此之外，教务工作人员也要收集、整理、分析来自校外的反馈信息，同样做好信息反馈的工作。

第三，想方设法提高工作人员整体的思想水平、业务水平、文化水平，让他们明确工作质量标准，进而提高工作效率。

第四，针对一些教务工作职责不明的情况，重新组织或调整教务工作人员队伍，且实行岗位责任制。

第五，解决分工合作问题，也就是将教务工作人员，全部组织到教学质量管理系统当中来，由教务主任统一组织、调度、指挥、监督其工作。

第六，校领导要针对教务工作制定相应的奖惩制度，克服平均主义思想，表彰先进、鞭策后进。

（二）稳定秩序

这里说的稳定秩序包括两个方面的内涵：一是稳定工作秩序，二是稳定教学秩序。

1. 稳定工作秩序

根据学校内部各个方面、各个部门的职责任务，将党、团、工会的工作，以及校长室、教务处、体育室、图书馆、校医院等行政系统的工作，全部纳入以教学为中心、全面贯彻国家教育方针政策的轨道。同时，各个方面或部门需要互相配合，协调一致，防止“各自为战”的现象出现。

2. 稳定教学秩序

稳定教学秩序是一项较为复杂的系统工作，其具体内容非常琐碎、复杂。具体来说，学校管理者要稳定教学秩序，就需要重点抓好以下几个方面的工作：

第一，各位教师必须充分调动学生的学习积极主动性，有意识地培养学生对学习的兴趣爱好，满足学生的求知需求。与此同时，大胆放手地培养学生的自主精神和自控能力。如此一来，学校教学秩序就能够得以稳定下来，为提高教学质量打好坚实的基础。

第二，由校长宏观上统一调度，教务处负责组织教师开展具体工作，及时处理好收费、注册、发书、编班、排课、作息时间安排、各项活动等工作事宜。

第三，将思想政治工作、教学工作以及各种活动统一安排到总课表上，防止出现各自为政的现象。

第四，及时公布课程表、作息时间表、校历表等重要信息，并将每周会议活动的安排，提前公布出来，便于相关人员做好准备。

第五，学校的全体教职员工，尤其是政工干部和班主任，要在每学期开学伊始，通过思想政治工作，将学生的思想和精力快速引导到迎接新学期的学习任务上来，从而有助于各年级教学秩序的稳定。对于新生，还要统一向他们介绍学校的总体概况，明确校纪校规和学生守则。在当代社会，一些学校进行的“入学教育”就是很好的办法。

第三节　加强高职院校教学质量管理的渠道措施

一、配备合格的校长

（一）要有相当的知识

在当代社会中，伴随着教育改革的不断深化，教学要求和教师水平不断提高，对于校长的要求也在不断提高。具体来说，在选择合格的校长时，不应仅仅看重文凭，而是应当既看水平又要看文凭。在当代社会中，各级各类学校的校长至少应当具备以下三个方面知识：

第一，所教学科的专业知识。

第二，现代教育科学知识。

第三，现代管理科学知识。

（二）要有相当的能力

对于各级各类学校的校长来说，如果只是具有知识而不具备运用知识的能力，那么是很难处理好学校的各项事宜的。因此，要成为一位合格的校长，就必须具备以下几个方面的能力。

1. 调查研究的能力

调查研究是一项非常重要的工作，但并不是每位校长都能做好这项工作。也许有的校长整天忙于各种事务、会议，根本没有时间去开展别的工作。因此，一些校长虽然名义上是整个学校的指挥者，但其实却成为学校的事务员，或者成为校长室的“秘书”，根本没有发挥出校长应起的作用。之所以存在这种现象，关键在于校长缺乏调查研究的能力。当前，在一些学校中，国家的教育政策方针不能够得到全面的落实，不能把上级教育管理部门的指示贯彻到底，教学质量长期得不到提高。这些都与校长缺乏调查研究能力有着十分密切的联系。因此,各级各类学校的校长必须自觉提高调查研究的能力,尤其要提高对教学过程和教学管理过程进行调查研究的相关能力。如果能够对这两个过程中的经验及时地发现、总结、交流、推广,尤其是教学过程中的倾向性问题能够及时得以发现、研究、解决,那么就可以说具备了相当的调查研究能力。

2. 组织和指挥的能力

由于校长这一职位本身的特性,要求校长具备较高的组织和指挥的能力。在制订学校的一些计划时,如果想要让这些计划最终切实可行,真正地成为全校师生未来行动的具体方案,成为学校各项工作的基础,保证学生的德智体美都有所提高,那么就需要校长具备良好的组织力、指挥力。比如,校长在新学期想要摸清学生在德智体美等方面的基础,就必须将学校的班主任、教师以及行政部门干部的力量组织起来,既掌握一定的资料信息,又掌握活动的情况;不但要了解取得的经验和存在的问题,也要进行一定的科学预测。在当前阶段,我国各级各类学校的一些校长连这一点都很难做好。因此,即便他们满腔热情,却无法将学校办好。长此以往,他们也只能“纸上谈兵”。再以执行计划而言,有组织能力和指挥能力的校长,在安排每一个人工作之时会注意扬长避短,让他们各得其所、各尽其职,不论是工作关系还是人际关系,都能得到有效的协调发展。如此一来,师生员工就能够在烦琐复杂的学校工作中,有条不紊地开展自己的工作。而生动活泼、欣欣向荣的校园风貌,也大多是由此而来。

总体来说,校长的组织能力和指挥能力与其自身的素质、水平、天赋是密切相关的。与此同时,这也是校长本人在后天的工作中有意识地锻炼出来的。对于一些中青年校长来说,缺乏经验只是暂时的。他们需要在工作中有意识地进行锻炼,虚心地向有经验的老校长进行学习,其组织能力和指挥能力的提高,都是指日可待的。

3. 调动教师积极性的能力

校长必须具备调动教师积极性的能力,这是校长做好教学管理工作的基本功,也是办好学校的基本条件。具体来说,调动教师积极性的方法主要有以下三种。

第一,全面贯彻落实国家的教育政策方针,切实做到一视同仁,工作上放手使用、生活上关心照顾。

第二,进行物质奖励和精神鼓励,具体包括表扬好人好事、树立模范典型或者设法使教师增加收入。

第三,进行思想政治教育,主要是对教师进行形势教育和爱国主义教育。

总而言之,充分调动教师的积极性,不但能够解除教师的后顾之忧,让教师能够将精力更多地放在教学质量上,而且还能激发教师为开创学校工作的新局面而发挥出自己的潜能、才智,为学生的身心健康发展而努力。

二、加强干部队伍的建设

(一)改革学校干部制度

长期以来,我国的干部往往是由上级直接任命的。这个制度的优点在于能够全面执行国家干部政策,能对干部人选进行全面的考察,保证择优任命的校长能够达到所在学校的最佳水平。不过,伴随着社会的不断变化和发展,同时伴随着社会主义民主和法治的日益健全,学校干部制度的缺点也开始暴露出来。如果对学校的领导干部依然采取单一的任命制,就很难适应教育体制改革的实际需要,也难以培养优秀的干部人才。因此,改革学校干部单一的任命制为任命、选举、招聘等等多样化的制度,以适应时代的发展。

按照国务院对企业领导干部实行国家统一考试的决定,也按照许多国家对校长实行考试制度的经验,同时还按照我国进行教育体制改革和教育改革的实际需要,通过国家考试来选贤任能,是从根本上保证校长质量的一个关键措施。无论是选举的、任命的校长,还是通过招聘选拔出来的校长,都要经过国家统一的考试,并且取得相应的资格证书,才能继而接受任命。不仅如此,在上任之前,这些校长需要与教育行政部门和本校教职工签订提高教学质量的相关合同。

在我国,校长的任期通常以五年为宜。具体来说,对于那些能够全面地贯彻国家的教育政策方针,对学生负责,能让学生德智体美在原有基础上有显著提高,对教育科学进行研究和实验并取得成果,积极进行教学改革并有所突破的校长，可以在任期结束后获得连任，同时可获得一定的精神奖励、物质奖励。对于失职的或不称职的校长，上级党委和教育行政部门则随时可以将其予以免职。通过这样的方式，不但能够改革干部实际上的终身制，消除"吃大锅饭"的弊端，同时又能够切实保证教学质量的不断提高，而且为改变干部结构的不合理状况创造了良好的条件。

（二）做好老干部工作

做好老干部工作，具体来说就是让老干部不但能从第一线工作的繁重负担中解脱出来，同时也能依靠他们丰富的经验，在传帮带中继续发挥作用，促使一些德才兼备、年富力强的中青年干部获得更多有效的锻炼。新老干部的合作和交替问题，是关系到学校教育事业后继有人的大事，因此必须以高度的事业责任心来完成这个历史任务。

（三）加强干部轮训工作

干部在轮训之后，可以按照工作需要和实际考核，对他们的工作作出一定的调整。在当前阶段下，组织干部轮训是我国提高干部素质的一项重要措施。全体干部必须明确现代化建设的需要，积极主动地参加学习。

通常情况下，学校干部经过一段时间的系统学习之后，在研究新情况、解决新问题、提高教学质量等方面都将会有非常大的提高，为他们成为管理学校的专业人员起到极大的促进作用。

三、组成稳定的管理结构

选拔学校干部，必须按照国家相关的干部政策、各个学校实际状况的特点来开展；另外，也要按照社会经济发展情况，对学校干部提出新的要求。为了切实加快学校领导班子建设的进程，就必须做好以下几个方面的工作。

(一)具有稳定的组织状态

在现代的管理中,管理的结构不是随便分级的,而且各级也不是任意组合在一起的。如果想要形成稳定的管理结构,那么就应是正立的三角形,即决策层在顶端,管理层、执行层依次往下;而倒三角形、菱形类的结构是不稳定的。[①] 同样的道理,在学校系统中,也必须有稳定的组织状态,这样才能更好地进行具体的管理工作。

(二)做到人尽其才

客观来说,每个人都具有与众不同的才能,因而不同的管理岗位,要选用适合岗位的人才。现代各级各类学校的教学质量管理亦是如此,应当让具有相应才能的人走上与其相对应的管理岗位,从而做到人尽其才,扬其长、避其短。

具体来说,在整个学校系统中,执行人员需要热爱教育事业,在自己的岗位上任劳任怨、埋头苦干;指挥人才应当具有长远的战略目光、出色的组织才能,能够多谋善断,坚持国家的基本政策方针,有着强烈的事业心和责任心;监督人必须公正严明,敢于直言不讳,能够坚持真理,赏罚分明,熟悉业务,注重联系群众;而反馈人才,则需要思维敏捷,见多识广,容易接受新鲜事物,综合分析能力强,能够反映实际情况。

实行教学质量管理的学校,就需要按照上述各种人才的能力,做到人尽其才。要真正做到这一步,就需要学校管理者具备一定的思想理论水平,人才学识和现代科学管理理念。

(三)不同级别的岗位须有不同职权

对于一所学校而言,校长的职权应当大于教务主任,而其本身在政治思想水平、政策水平、管理水平等等层面,也要高于教务主任。同样的道理,教务主任对于教师亦是如此。如果出现了校长水平不如教务主任或者教务主任不如教师的现象,那么就要对具体情况进行研究,并解决

① 曹鹏飞,胡新岗.高职院校教学质量保证的现状、问题与对策[J].教育教学论坛,2019(1):3:225-227.

存在的问题,以免给学校教学工作的开展带来重大损失。

有效的管理不是拉平或者消灭任何权力的存在,也不是不要任何的物质奖励或精神奖励,而是要按照岗位级别的不同及所做出的实际贡献,授予相关人员相对应的职权,给予其一定的物质奖励或精神奖励。在学校中,校长、教务主任和教师的管理范围、内容、责任以及权力大小皆不同,因而他们所享有的物质奖励、精神奖励也不应相同。

四、制定明确的学习标准

教学质量管理的工作需要具体化、标准化。具体来说,质量分析、质量情报、质量预测、质量统计、质量服务等工作都要有具体的标准,才能对其优劣程度进行评定。一般来说,制定标准必须由简到繁,便于执行,方便检查。

学习标准必须如实反映实际情况,在教学质量管理工作中还应不断进行修改、完善。如此一来,在以后进行同样的工作时,就可以直接按照更加合理的标准进行,遵循成功的经验规律,杜绝失败的教训再现。这也可以让学校的工作更加条理化、专业化,达到提高效率的目的。因此,全校教职员工都纳入执行标准的轨道中,是教学质量管理的一项基本工作。

从客观角度来说,标准化不单是教学质量管理的结果,同时也是下一阶段工作的起点。这也就是说,教学质量管理从标准化开始,到标准化告终。在学校的教学质量管理工作中,如果能保证标准化周而复始,螺旋上升,不断得到完善,那么整个学校就会出现欣欣向荣的良好局面。

五、做好质量管理教育工作

实行教学质量管理,需要从质量管理教育入手;而教学质量管理实践工作,又让干部和广大教职员工获得了一定的锻炼。质量管理能够充分发挥人的潜力,属于一种人才开发、人才利用的工作。对于校长们而言,这同时也是一项具有挑战性的工作。为了让教育适应时代变化发展的需要,就应在教育实践中探索和积累质量管理经验,并且发现、发展真理。

事实证明，全面贯彻实行教学质量管理，且已然取得显著成绩的学校，就是能够在工作中一面探索、一面总结经验教训，从而最终做好质量管理教育工作。实际上，教学不仅是一门科学，更是一门艺术，其魅力就在于可以源源不断地发展、创新，不断地被赋予新的内容。因此，各级各类学校必须结合学校的实际情况，摸索出适合本校发展的教学质量管理途径，才能加快提高教学质量的进程。

第四章 高职院校教师队伍的建设管理研究

第一节　全面加强高职院校教师队伍建设

一、高度重视教师队伍建设

高职院校要把教师队伍建设作为学校教育教学工作的首要任务，根据学校事业发展目标，规划人才强校的战略布局，制订加强教师队伍建设的具体计划，积极采取有效措施，着力解决关键性政策和制度问题，使教师队伍建设的目标、任务落到实处。高职院校还要切实加强领导、采取措施、狠抓落实，要做好高职院校教师队伍建设方面重大政策、重要工作的研究和协调工作。要将教师队伍建设工作作为考核学校领导班子工作、评估学校办学水平等的重要依据。

高职院校还应尽快制定与完善基于《中华人民共和国教师法》的配套政策。在教师资格认定、遴选任用、职务聘任、培养培训、流动调配、考核奖惩、工资待遇等主要环节实现规范管理，确保并不断加大对教师人力资本的投资力度。

二、合理配置教师人力资本

所谓教师人力资本配置，即量才而用，根据教师人力资本的特点来分配合适的工作，实现教师人力资本与工作职务的协调匹配，做到适才适能、人尽其才。将教师人力资本从高职院校的“外部性”资源转化为“内部性”资本，教师人力资本的合理配置和使用，可以很好地将知识转化为提高学校内部效率的行动，包括问题解决、战略规划、决策制定，不仅对微观层面的教师个人人力资本有益，实现人力资本配置和使用更具针对性，使教师有了施展才干的舞台；从宏观层面上看，对社会人力资源的优化配置也是有益的，此举解决了具有教学科研能力的人学以致用的需求，避免了不必要的人力资本浪费。

现在越来越多的人认为高职院校的价值主要在于学校的无形资产，

包括人力资本、办学特色、学校声誉、教职工忠诚度等。教师人力资本的使用是将其作用于高职院校提升办学质量的实践，为学校创造价值的过程。虽然不少高职院校已经拥有一批基本的教师人力资本，并且教师人力资本业务潜力和能力也非常高，但这并不一定意味着学校做到了有效地利用教师人力资本、最大限度地开发其价值。

因此，高职院校要积极适应人才竞争与人才流动的形势，因势利导，加大力度，主动调整教师队伍结构。通过补充优秀毕业研究生、吸引优秀留学回国人员、向社会公开招聘高水平教师、加强培训等措施，调整和改善教师队伍的学历、职务结构，补齐短板，解决关键教学科研岗位配置不合理的问题，提高教师队伍的整体水平。

三、优化高职院校内部用人环境

学校兼具教师人力资本投资者和需求者的双重身份，能否为教师提供一个舒适、温馨的用人环境，在一定程度上会制约教师人力资本作用的发挥。因此需要对高职院校现行的人事制度、激励机制、考核制度等进行改革，尽快打通社会优秀人才进入学校教师队伍的渠道。[①] 通过提高教师的经济地位和社会地位，吸引社会优秀人才从事教师工作。依据公平、竞争、择优的原则，建立起能进能出、能上能下的师资调控的开放系统。

良好的用人环境包括科学的政策和战略、人性化的激励机制、浓厚的学术氛围、和谐的校园文化、知识更新与能力提升的空间和机会等。此外，学校自身的发展，社会美誉度的提升，针对教师人力资本增值的教育培训质量等也都会对教师人力资本的作用产生影响。学校营造能够留住人才，发挥人才作用，实现人才价值的良好环境，一方面，可以减少教师人力资本投资风险；另一方面，让教师人力资本置身于良好的用人环境中，不会有过多的困扰和不满，这对于他们形成对学校的认同感和归属感，安心进行教学与科研工作，发挥教师人力资本的作用，都将起到极大的作用。

---

① 周理远．人力资源管理视角下高职院校教师管理研究 [J]. 产业与科技论坛，2022,21 (9): 281-283.

四、构建学习型组织

要实现提升高职院校办学质量和社会效益的目标,仅仅依靠个别教师的人力资本增值,其作用是微不足道的。只有当高职院校中大部分教师人力资本都能实现增值时,才能够达到人力资本增值的规模效应,进而大幅度提升高职院校整体办学质量。要形成良好的重视教师人力资本增值的氛围,最好的方式之一就是将高职院校打造成学习型组织。只有在学习型组织,从上到下才会致力于新知识的创造、新技能的提升,才会有条件实现人力资本快速而有针对性的增值。

学习型组织是一种在发展中形成的具有持续适应能力和变革能力的组织。这样的组织不仅依靠物质的改善来提高组织价值,而且更强调通过新的知识和信息提升组织中人的能力与作用。由于终身学习成为一种需要,人们在维持原有知识优势的基础上,不断努力学习和提高自己,力争取得自身价值的不断拓展。

建设学习型组织要从基层教学单位做起,需要组织内部形成积极的、不断学习的文化氛围。高等学校本身就应该是学习型组织,终身学习是快速发展的社会对教师的必然要求。教学工作不仅需要深厚的理论功底,同时也是一项实践性较强、经常需要知识更新的工作。做好这项工作,单靠提高教师的学历层次是不够的,还必须不断加强教师的教学实践经验的积累和总结,需要老师之间相互学习和交流。而信息的传输与扩散、知识的创造与共享、经验的交流与碰撞等,正是学习型组织的重要特征。由此可知,教师的专业成长、观念更新、教学科研水平的提升,离不开依托现代学习型高职院校这一平台。学习型高职院校通过教研室建立起集体学习和研讨交流制度,教师共同研究教学内容和教材、教学对象和教法、课程体系和培养模式。这种学习型组织不仅为教师业务能力的提高创造了良好氛围,也为他们理念更新、知识更新、信息获取途径更新、教学方法手段更新等提供了大量机会。因此,高职院校要尽快转变观念,从注重扩张转型发展变为创建学习型高职院校。

第二节 高职院校教师队伍的激励机制

高职院校的发展主要依靠教师的教学科研活动,教师个性化的劳动凝结了较高的智力和创造性,这是物质资本所不能代替的。由于教师人力资本具有更广泛、更主动的平台选择性,面对新时代高职院校与教师双向选择机制,单纯依靠行政手段已经很难阻止骨干教师的流失,因此必须采取有效措施防范高职院校教师人力资本的投资风险。通过建立科学灵活的激励机制,让教师人力资本有用武之地,有成就感和获得感,对于调动教师积极性,发挥其作用意义十分重大。

一、建立并不断完善激励机制

激励机制的建立就是要协调教师、管理者、投资方之间的目标不一致和利益冲突,并最终解决高职院校发展的动力问题。事实表明,高职院校采取积极措施,出台激励政策,为更多优秀人才创造人力资本发挥作用的机会,此举不仅有利于吸引和留住青年骨干教师,让他们看到未来的希望和发展空间,而且,教师人力资本提升贡献率还会给高职院校自身和社会都能带来积极的影响。

越来越多的高职院校管理层正逐渐认识到,高职院校教师不应该仅仅被当作普通管理对象,服从刚性管理之下的约束。教师人力资本既然是一种资本,就应该在地位和经济收益上给予其一种公平的对待。

二、灵活运用不同的激励手段

(一)现期激励

现期激励是指高职院校马上就能够完成人力资本增值预期目标的

教师所提供的各项激励总和。[①] 现期激励体现的是校方前期为激励教师人力资本积累和增值并据此带来更多效益所作出的承诺。一般来说，现期激励的形式有以下两种。

一是物质激励。物质激励是指运用物质的手段使受激励者得到物质上的满足，从而进一步调动其积极性、主动性和创造性，包括加薪、重奖、福利、期权等。高职院校的薪酬和待遇由学校自定，高薪和高福利可以作为留住人才、激励优秀人才的重要手段之一。学校对优质人力资本持有者的物质激励越有吸引力，在社会上和人才市场中，才越可能招聘到优质教师。例如，可以考虑给骨干教师提供特殊津贴、专项科研经费等。

二是精神激励。精神激励即内在激励，是指精神方面的无形激励。对于人力资本实现增值的教师，他们不仅获得了更多的知识，还提升了业务水平和能力，有可能承担并完成更多的学术研究任务，从而评定高一级职称、获得更多经济收入和补贴等，而且学校还可以为教师提供精神激励，包括可能获得更好的社会荣誉、获得更多机会和发展空间等非经济方面的收益，如授予荣誉称号、举行隆重的表彰仪式、安排学术假期、定期疗养等。

（二）预期激励

预期激励是指高职院校能够为教师人力资本的进一步发展所提供的未来收益的内容。预期激励常见的有如下两种形式。

一是根据教师业绩的表现和贡献，承诺在职位、职称以及相应补贴、薪酬待遇上作出相应调整。

二是承诺为教师将来在发展机会、荣誉表彰、职务升迁等方面作出安排。其实，针对高素质骨干教师个人提升能力的需求，为其提供专业的、针对性强的教育、培训、交流等也是一种很好的预期激励。

无论是现期激励还是预期激励，有一点最为值得注意，即激励的程度要与人力资本贡献率成正比。否则，在重复博弈中，教师有可能放弃人力资本的付出。

---

① 崔曙辉．激励理论在高职院校教师管理中的应用[J]．新课程研究，2019(10)：80-82.

（三）根据需求层次的激励

依据马斯洛的需求层次理论，高职院校教师除了基本生理需求，还会有安全的需求，如确保一份稳定的薪酬来保障正常的生活水平和人身的健康安全。但是，当这些需求得到满足后，还会有更高的需求出现，如社交的需求、尊重的需求、自我价值实现的需求。显然，要留住骨干教师，就要根据教师所处需求满足的不同阶段提供相应的激励，特别是如何满足最高一级的自我价值实现的需求，更应当引起学校的高度重视。

高职院校要加大分配制度改革力度。绩效工资、绩效奖励、绩效福利、年终红利等都是为了能够最大潜力地挖掘教师人力资本，为其创造更大的价值而服务。高职院校要切实贯彻“多劳多得，优劳优酬”的分配原则，根据教学科研成果复杂程度和对学校贡献的大小，合理拉开分配差距，鼓励和支持教师立足本职工作多做贡献。要采取非常措施，加大力度奖励作出突出贡献的骨干教师和学科带头人。建立特殊岗位津贴和基础科研津贴等符合高职院校特点的岗位津贴制度，吸引和稳定优秀拔尖人才。例如，对获得博士学位的教师给予博士学位津贴或提高一级待遇作为鼓励。对参加一般培训和做访问学者制定硬性规定或作为教师年度考核指标之一等。

（四）期望激励

根据维克托·弗鲁姆的期望理论，个人积极性的产生、发展和变化受到个人内外多种因素的影响。无论是个人人力资本投资意愿，还是提高人力资本为学校发展的贡献率，原动力都产生于个人需求预期期望目标实现的概率和获得效用的价值高低。如果目标实现的可能性很大，实现后获得的效用价值也很大，就会引发人的积极性，为实现预期目标愿意付出努力。如果虽然目标实现的可能性很大，但实现后获得的效用价值却很低，或者是尽管目标实现后可获得的效用价值很大，但目标实现的可能性却很小，这两种情况都不会有效调动起人的积极性。因此，如何把握和提高教师需求期望的效用值与实现概率，是高效率实现教师人力资本投资的关键所在。

（五）双因素激励

美国心理学家赫茨伯格提出的双因素理论（Two Factor Theory）又称激励——保健理论（Motivator-Hygiene Theory），为实施教师管理的激励手段提供了新的思路和方法。

高职院校完全可以实施类似的激励机制。例如，高职院校需要改变过去那种仅通过提高薪金、岗位津贴、改善工作条件等方式激励教师的做法，可以采取“保健因素＋激励因素”双管齐下的新策略，通过制定必要的考核指标，并将其作为激励因素兑现的依据，这样做不仅能充分调动教师的积极性和主动性，也可使教师个人价值得以实现，个人福利得以增长。与此同时，校方的利益也能实现，各项工作可达到有效性和高效率的目标。高职院校科研绩效的报酬分为两部分：一是基本报酬和补贴部分，这部分相对固定，以保证教师能有基本的工作投入状态；二是激励部分，通过建立科学的绩效考评制度，对教师实施年度绩效奖金奖励制度，奖励数额的大小取决于事先确定好的一些重要指标完成情况，如学评教综合排名、教学事故率、教学课时、教学成果和科研成果等。

为了吸引和留住高职院校中的优质人力资本，除了需要向他们提供更高的报酬外，还要使他们享有一系列的福利，诸如舒适的办公环境能够使优质人力资本最大程度上放松身心，使工作之后的精力损耗能够尽快地恢复。将学校优质人力资本的精力损耗作为高职院校的隐性成本加以考虑，无疑是符合高职院校利益的明智之举。教师具有健康的身体和旺盛的精力有利于教师保持良好的工作状态，使其能力得以发挥，单位时间的效率增大，进而大大提高工作质量。而健康状况的改善和平均寿命的延长，不仅可以提高生命的价值，而且可以明显地提高教师人力资本的价值。

第三节　重视高职院校教师的考核与培训工作

一、高职院校教师的考核

在高职院校教师管理中，教师考核也是一项经常性、基础性的工作。实施高职院校教师考核，主要是为了对高职院校教师工作的水平、能力、态度和成绩等进行全面的考察与评判，从而为教师的安排任用、调整工资、职称升迁和进修提高等提供正确、客观、完备的材料和可靠的依据。

（一）高职院校教师考核的原则

高职院校教师考核是一件非常复杂和费力的事情。要想保证高职院校教师考核的科学性和有效性，就必须遵循考核过程中的“三公”原则。所谓“三公”原则，即条件公开原则、考核公正原则和奖惩公平原则。

1. 条件公开原则

条件公开原则是指高职院校教师考核管理者在考核过程中要明确考核的内容和标准，并向全校公开。这是保证公平竞争和公正考核的一个重要原则。贯彻这一原则，高职院校教师考核管理者需要具体做到以下两个方面。

第一，制定与考核配套的规章制度。目标是教师考核工作的导向，而规章制度是考核工作有效进行的保障。[①] 因此，高职院校教师考核在明确目标、考核内容及标准的基础上，应当制定与其配套的、科学可行的规章制度，将考核与执行规章制度有机结合起来，保证考核工作顺利

---

① 邢昌华，袁霂坤．高校教师考核评价制度研究综述[J]．吉林工程技术师范学院学报，2021，37（11）：42-44.

地进行。毫无疑问，此规章制度也要公之于众，让每一名教师都清楚地知道。

第二，制定科学的考核内容和考核标准。高职院校教师考核管理者在确定具体的考核内容和标准时，既要符合相关规定又要切合实际。这就要做到以下两点：一是将上级教育行政部门颁发的考核方案和其他考核文件，作为学校进行教师考核的重要依据；二是根据各校的具体情况，制定适合本校特点的更为具体、可行的考核内容和标准。

需要注意的是，考核内容和标准并不是一定的，随着教师队伍素质的逐步提高，教师对考核工作的心理承受能力不断增强，指标设置可逐步由粗到细，考核标准也可逐步提高，直至达到考核工作规范化、制度化、科学化的要求。当然，考核内容和标准经教师广泛讨论，形成共识后要在全体教师中公布。

2. 考核公正原则

公正往往与教师的满意度紧密相连。令教师满意的考核结果往往较为公正，能激发教师工作的积极性，反之就会让教师觉得受到了不公平的待遇，从而产生消极的行为，如发牢骚、泄怨气，制造人际矛盾，拖拉敷衍工作等。因此，高职院校教师考核必须遵循考核公正原则。在高职院校教师考核过程中，贯彻考核公正原则需要注意以下几个方面。

第一，构建完善的考核运行系统。高职院校在制定科学合理的考核方案后，还应该培养一支精干、高效的考核队伍，并构建合理的考核运行系统。这就需要学校在确定本校教师考核工作总体目标和任务以后，将目标和任务按照不同的性质进行分解，落实到各职能部门，使各部门在学校的统一部署和协调下，各司其职，分类分层进行考核。在考核过程结束后，教师工作考核领导小组应对考核结果进行审查核定。考核的结果要及时反馈给教师本人并征求本人意见，考核结果要及时公布，坦然接受大家的监督与评议。

第二，教师考核与学校常规管理相结合。高职院校教师管理是高职院校管理的一个重要环节。在这一环节中，为了促进教师考核的公正性，理应将教师考核与学校常规管理结合起来。这需要管理者一方面要严格检查、考核教师执行规章制度和执行岗位职责的情况，不断积累教师工作考核的有关信息，为教师工作的日常考核和阶段考核提供资料；另一方面则要在学校日常管理之中引入教师工作考核的科学机制和有效方法,以促进学校常规管理的科学化,提高学校管理质量。

第三,日常考核与阶段考核、全面考核相结合。日常考核是阶段考核的基础,阶段考核是日常考核的综合。因此,要从开学第一天、第一课开始抓起。一方面,要求教师自己记载考核信息,为自评积累资料;另一方面,学校领导和各有关部门要按照分工要求,根据各部门职能与考核任务,对考核信息及时进行采集、处理、贮存、传输,并对各考核责任部门、责任人的考核信息积累工作提出数量、质量和时间的要求。除抓好日常考核、阶段考核外,学期结束前后,学校还应组织专门力量,对教师进行全面考核。有了平时考核和阶段考核中相关情况的积累,全面考核也就有了依据,考核的可信度也会有所提高。

第四,民主性与权威性相结合。遵循考核公正原则,民主是一个很重要的方面。高职院校教师考核要做到民主,就是指在考核教师的活动中要尊重教师和学生的意见,创造让教师参与考核的机会,充分发挥教师在考核中的主体作用。这需要转变传统的教师是被动考核对象的认识,树立合作者与参与者的观念;需要让教师和学生参与考核活动的每一个进程;需要重视教师的自我考核。

考核的民主固然重要,但也不能忽略权威,毕竟教师考核是由校长在内的学校考核领导小组具体领导,组织实施的。因此,要对领导小组成员和考核人员在政治思想和业务水平方面都要做具体要求,并通过制定一系列的相关规章制度,保证考核工作的顺利、有效进行。

3. 奖惩公平原则

要想使考核发挥出自身的最大优势,高职院校对教师就不能进行单纯的考核,还应将考核的结果与奖惩结合起来,更好地激励教师,提高教师工作的质量,促进教师的真正发展。当然,在重视考核与奖惩的结合的同时,千万不能忽视对奖惩公平原则的坚持。

奖惩是对考核结果给予肯定或否定的评价。奖惩是否得当、是否公平、能否兑现,关系教师管理目标的落实和实现。因此,奖惩应以考核为基础,坚持公平奖惩原则,要特别强调按制定目标规定的奖惩条件进行,保持制度的相对稳定性,言而有信,只有这样才能取信于民。根据考核结果,管理者可对绩效上有突出优势的教师、在创造上有突出表现的教师、对全勤的教师等进行奖励;可对不改进工作方法、不称职、学生意见强烈的教师,对违反规章制度而造成影响的教师,对敷衍塞责出现事故的教师等进行惩罚。

在坚持奖惩公平的过程中，要注意掌握好奖惩的力度，不然出现奖惩过度或奖惩不足的现象，不仅起不到相应的激励作用，还会出现不公平的呼声，影响学校管理的效能。因此，学校要切实做到论功行赏，功不可掩过，过不可盖功。

（二）高职院校教师考核的内容

根据《中华人民共和国教师法》的规定，教师考核主要包括政治思想、业务水平、工作态度和工作实绩四个方面的内容。根据这一国家标准可以将高职院校教师考核的内容概括为以下三个方面。

第一，教师工作过程考核。这主要是指考察教师教学过程和科研工作过程中所体现的外显行为。

第二，教师素质考核。这主要是指考察教师的思想政治素质、身体素质、心理素质、文化素质和专业素质。

第三，教师工作绩效考核。这主要是指考察高职院校教师的教学工作绩效和科研工作绩效。教学工作绩效的主要指标是师德表现、教学工作量和教学质量、教学研究活动及其水平、教学梯队建设与贡献等；科研工作绩效的主要指标是完成科研项目、发表学术论文、编写著作教材、获得成果奖励、取得各种专利、组织参与科研和学术活动等。

（三）高职院校教师考核的方式

对高职院校教师进行考核的方式有很多，以下是一些常见的方式。

1. 定性考核与定量考核

定性考核是指对教师工作进行概念上和程度上的价值判断。这种考核方式易于操作，能够了解到被考核教师的整体状况，因而有着较高的效率。

定量考核是指对教师工作进行数量化分析和计算，并作出价值判断。量化教师的工作能够使考核的目标更加具体化，从而得出客观、精确的结果。因此，高职院校教师的定量考核必须受到重视。

定性考核易于操作、效率较高，但容易受考评人员的主观影响，出现不客观、不公正现象；定量考核较为客观、精确，但并非所有的教师工作的成绩都可以量化。因此，在高职院校教师的考核过程中，应当综合利用这两种方式。

2. 定期考核与不定期考核

定期考核是指高职院校在规定的某一段时期内对教师进行的考核，如季度业绩考核、年度业绩考核。通常来说，对高职院校教师进行的考核，一年进行一次较为合理。

不定期考核是指高职院校因某个目的或需要，在提前没有约定好的时间内对教师进行的考核。例如，评聘教师职称时进行的考核就属于不定期考核。

3. 自我考核与他人考核

自我考核是指教师将自己作为考核主体，依据一定的考核标准，对自身各方面进行的价值考察与评判。这种考核方式能够有效激励教师，使教师自觉认识到自身存在的问题，并努力改进，向目标靠近。

他人考核是指除教师自身之外的任何人或组织（包括学生、同事、领导、专家等）对考核对象进行的考查和评价。在高职院校中，学生考核是教师考核中的一种重要考核方式。学生与教师接触的时间最长，学生对教师的了解也最直接、最具体、最全面，因而这种考核方式能够比较真实地反映教师的教学水平，具有更高的有效性和稳定性。当然，在实施学生考核时，应当注意消除教师和学生的顾虑，让他们真正了解考核的最终目的，从而使考核客观、公正。

二、高职院校教师的培训

教师培训是对教师能力的进一步开发，是绩效技术中的一种干预措施。通过培训可以进一步挖掘教师在知识、技能等方面的能力，弥补他们之前在教学观念等方面的不足，提高教师的教学效率。与此同时，培训是在教师接受过学校教育的基础上进行的，是成人接受继续教育的一种途径。

(一)高职院校教师培训的作用

高职院校教师培训具有重要作用,概括来说,这些作用主要包括以下几方面。

1. 提高工作绩效

高职院校教师通过培训获得了新的教育观念、知识和技能,转变了之前落后的教育观念、陈旧的教学方法,提高了其工作积极性和工作熟练度,使高职院校的工作质量和效率得到了提高,从而提高了工作绩效。

2. 提高人力资源的价值

人力资源必须经过一系列的开发才能获得最大价值的使用,如果不持续对其进行挖掘,就会降低价值。培训是对人力资源的一种投资方法,它能有效提升高职院校教师队伍的价值,使高职院校教师队伍保持活力,打造高素质的教师队伍。

3. 提升校园文化和学校形象

高职院校对教师进行系统化的培训可以有效规范教师的价值观和道德行为,使他们在提高专业技能水平的同时,受到文化素养教育。这样有利于逐渐形成具有良好素质和修养的教师队伍,一方面,可以建立起优秀的校园文化;另一方面,使教师体现出学校的优良形象。

4. 增强学校的改革创新能力

系统化的教师培训可以使高职院校教师学习新的教育观念,以便增强他们对环境的适应能力,推动高职院校在教育、研究和管理方面的创新。

5. 促进学校的和谐发展

高职院校教师经过培训之后,能够迅速地适应工作,极大地增强了他们的自信心,激发了他们对工作的满腔热情。同时,通过培训,高职院校教师也能体会到学校对他们的重视和关心,因此更愿意在自己的工作岗位发光发热。此外,对高职院校教师进行培训还可以增强他们对学校的满意度和向心力,从而提高学校的和谐度,保持整个高职院校教师队伍的稳定。

（二）高职院校教师培训的形式

对于高职院校教师而言，其培训工作不仅有职前培训，也有职后培训。其中职前培训能够帮助高职院校教师提升教学基本功，而职后培训能够帮助高职院校教师根据自己的职业活动特征领悟到自我成长的深刻本质与内涵。因此，职前培训固然十分重要，但从终身学习的理念来看，职后培训更能促进高职院校教师的自我导向性学习。从实践情况来看，考虑到工作性质的不同，高职院校教师培训工作的形式主要包括三类，即基础培训、深化培训和创新培训。

1. 基础培训

基础培训主要针对的是担负助教职务和尚未定助教职务的青年教师，这些教师大多是刚毕业的研究生和本科生，他们由于刚进入高职院校从事教育工作，对所处的环境和自身能力都缺乏一个较为全面的认识：在思想上没有建立起科学的、系统的为人师表、教书育人的教育思想；在行为上还较为缺乏为学生服务的精神；在知识结构上也尚显不足。因此，需要对他们进行基础培训，培训的内容包括以下几方面。

第一，进行调整知识结构教育，这部分内容主要是在青年教师的专业方向和工作岗位确定了以后才开始进行的。它主要是帮助青年教师补充新知识，使其初步掌握高等教育学、心理学、职业道德等高等教育的规律和方法。

第二，进行政治教育，使其能够坚持正确的政治方向，为党的教育事业作出贡献。

第三，进行职业道德教育，以培养青年教师严谨刻苦的工作态度和一丝不苟的工作精神，同时树立良好的职业道德。

当青年教师胜任了基础培训后，其业务水平将会有一定的提高，并能够很快地适应自己的教学岗位，逐渐成为学生爱戴的教师。如果青年教师在工作岗位上取得了一些成绩，这就会在很大程度上对青年教师形成一种无形的激励作用，使其获得成就感和满足感，从而进一步加强自己的教学水平和端正教学态度，进而形成一个良性的教学环境。

2. 深化培训

深化培训的对象主要是取得了中级岗位职务的30岁左右的教师，这一时期的高职院校教师正处于知识和能力上升最快的阶段和开始出成果的阶段。他们不仅开始承担一些教学科研的任务，而且还开始参加研讨班和各种学术会议，能够获得该学科发展的最新信息，因此对这些高职院校教师进行培训有助于他们不断提高自己的专业知识水平、基础理论水平、科研能力和教学水平。在实践过程中，对高职院校教师进行深化培训主要是通过继续教育来展开的，它是我国促进高职院校教师的专业发展，提高高等教育质量的重要途径。从内容上来看，对高职院校教师进行深化培训需要做好以下几方面的工作。

第一，加强专业化教育。教师能够高效完成教学任务，并获得较高质量的教学效果的基础就是其本身具有的专业水平。因此，高职院校教师深化培训中不可忽视专业化教育这一内容。教师专业化教育强调教师要不断学习有关教育方面的各类知识和各种技能，在教学实践中不断积累教育教学经验，从而提高自身的专业化水平和综合素质。

第二，提高学历层次和学术水平。当前阶段下，高职院校教师的学历层次普遍升高、学术水平普遍上升，这是我国高等教育发展的必然趋势，也是必然要求。高学历层次和高学术水平的教师队伍是学校核心竞争力的一部分。因此，在对高职院校教师进行深化培训中，各个学校应该结合自己的实际情况，合理地制定提升教师队伍整体学历的计划和政策，使教师队伍的学历层次和学术水平可以达到或者超过国家的普遍要求。

第三，培养创新精神和人文精神。教师的创新精神、创新意识和创新能力对于学校的教学有很大影响，具有良好创新意识的教师不只是在科研上更容易取得成就，在教学上也可以创造更加合理的教学模式，用更加理想的方式教学。但是创新精神是很难通过培训实现的，特别是通过统一培训，更难达到目的。因为创新精神的培训本身就需要具备一定的创新性，需要通过新型的培训模式，新型的培训方式来组织培训内容。

除了创新精神外，人文精神也应当是高职院校教师继续教育应当关注的内容。人文精神是一种普遍的人类自我关怀，表现为对人的尊严、价值、命运的维护、追求和关切等。培养高职院校教师的人文精神，应当要求教师在教学过程中做到以人为本,关注个体生命,关注学生的需求,关注学生的全面发展,关注学生本身的价值,避免教育陷入功利化的泥潭。

第四,加强信息技术和外语培训。在现代社会,信息化和全球化已经是不可逆转的国际趋势,信息化对于学校的教学工作和科研工作也造成了直接的影响,现代化的教育设施和科研设施必定包含着现代信息技术的内容。现代信息技术使人们获取信息的方式和能力产生了非常大的变化。学习和掌握现代信息技术,不仅是我国现代教育的一个重要内容,也是世界各国教育发展的必然需要。对高职院校教师进行现代信息技术的培训,就是为了使高职院校教师能熟练地利用现代信息化的手段获取需要的信息,提高利用计算机进行辅助教学及处理信息和利用信息的能力,以便于更好地教学和进行科研。全球化的发展必然要求各个学校间,甚至各国的学校间有更多的交流,特别是随着信息的全球化,学校的教师已经可以通过多种渠道获得更多的外国资料或者外国的教学经验。这就要求教师必须具备较高的外语水平,从而帮助自己提高知识储备和掌握国际先进科学技术及教学的能力,提高对外交流的语言能力。因此,高职院校教师继续教育中应当把提高教师的外语水平也作为一项重要内容。

第五,加强师德教育。教育的首要目的是培养学生良好的道德品质,这就要求教师本身具有良好的师德。对于教师来说,师德是其全部人文素质的核心内容。因此,加强师德教育是教师继续教育的首要工作。师德教育的主要内容是培养学校教师热爱教育事业的敬业精神、为人师表的人格魅力。要想培养教师良好的师德,除了依赖于教师自身的自律品质外,还需要学校在对教师的继续教育中,有目的地培养他们的师德。针对高职院校教师的师德教育通常包括以下三方面的内容。

首先,提高教师的思想政治素质和道德修养,引导教师自觉主动地树立正确的人生观念、价值观念,并使他们用这些正确的观念去影响和熏陶学生。

其次,大力弘扬教师职业道德风范,使高职院校教师成为遵纪守法、勤奋敬业、为人师表的典范。

最后,教育教师以高度的责任感和使命感关心学生的健康成长。教师关爱学生的情感,对于学生的成长,有更加重要的社会意义和价值。事实证明,教师的爱,能使学生产生积极的情绪,从而可以转化为学生接受教育的内部动力。

3. 创新培训

创新培训主要针对的是已经取得了高级职称的高职院校教师群体，这些教师在高等教育的日常事务中承担着教学和科研的双重任务。在内容上，对这些教师群体进行培训需要做好以下两方面的工作。

第一，为他们的科学研究和教学提供物质条件，并鼓励他们出国进修学习。

第二，鼓励他们参加各种国际学术研讨会，在与国外学者交流的过程中获得新的信息和新的知识。

（三）高职院校教师培训的流程

对高职院校教师进行培训应根据高等教育师资队伍的现状和学科建设的需要，结合高职院校教师的培训需求和意向进行分析，这样才能设计出科学合理的培训计划，也才能发挥出有效的培训作用。而要做到这一点，就需要按照科学合理的工作流程开展高职院校教师培训。具体来看，高职院校教师培训的流程主要包括以下几方面。

1. 确定培训需求

培训需求是建立在绩效分析基础之上的，主要是为了确定高职院校教师在哪一方面需要培训。相关人员可以根据未来的发展趋势对高职院校教师培训提出一些建议，这些建议主要是针对高职院校教师目前存在的差距而提出的，分析高职院校教师存在差距的原因。最后将分析结论报送培训管理部门或负责人。一般情况下，确定高职院校教师的培训需求可从以下几个方面入手。

第一，评估高职院校教师的个人需求。对个人的培训需求进行评估就是确定哪些高职院校教师需要培训。评估的内容围绕高职院校教师个人的工作绩效展开，看其工作绩效与预期的差距到底有多大，根据差距的不同制定相应的培训措施。除此之外，对高职院校教师个人的评估还包括个体自身的特征（技能、能力、态度、动机等）是否适合培训的相关内容，工作环境是否有利于学习同时又不会干扰工作。

第二，评估高职院校教师对工作的培训需求。对高职院校教师工作需求的评估主要目的是确定有培训需求的岗位和任务。高职院校教师在教学岗位上所从事的工作活动就是任务。因此,对高职院校教师教学工作的分析又称为任务分析。任务分析要从了解主要岗位和关键岗位入手,重点应放在能实现学校长远目标和现实目标的任务上,同时还要注意不同类型岗位的任务分析的特点。

2. 编制培训计划

编制培训计划需要考虑培训的时间、地点、内容范围,培训组织和管理的方式,确定受训人员和培训预算等。

3. 进行培训设计

培训设计真正进入了培训的执行阶段,这一阶段的任务主要由培训设计者和培训教师来完成。设计的内容包括培训课程体系规划、培训资源开发,以及每个项目的模块和课题的教学设计。培训设计的方案直接影响到培训效果和成本效益。

4. 实施培训计划

实施培训计划是指在培训计划的引导下,逐步完成培训内容的过程。培训的实施主要是由培训教师来完成。培训实施完成之后,由该培训项目的管理责任人组织考核和评价。对于表现优秀的学员要给予奖励,对于表现不好的学员要及时给予指正批评。

5. 进行培训反馈与总结

培训反馈与评价是对培训整体工作的总结。其依据是从每个培训项目中收集的反馈与评价信息。具体包括:培训教师的考评,培训成果和应用反馈,培训组织管理的考评,培训总结等。

(四)我国高职院校教师培训存在的问题

当前,我国高职院校教师培训在很多方面还不完善,还存在很多问题,这主要表现为以下几个方面。

1. 过分重视正规学历教育

学历是教师基础理论水平和科学研究能力高低的一个重要标志。通常情况下,高职院校教师队伍中高学历、高学位的教师越多越好,但是也不能过分重视学历。一直以来,我国都对教师学历的提高非常重视。教师学历的提高,意味着教师教学知识水平的提高,这值得重视。但是,过分重视教师的正规学历教育,而忽视了教师教学能力以及专业素养的提高,就会使学历成为一种形式,而难以促进教师专业水平的提高。因此,正规学历教育是继续教育的一个方面,我们不能忽视,但也不能过分重视。

2. 在职培训与职前培训没有很好地联系在一起

我国当前的很多高职院校教师培训缺乏终身学习的理念,教师在接受了职前培训之后,就很少或是不再进行职业培训,之后只是迫于时代发展的压力而不得不被动学习。这就会使教师缺乏学习的主动性与积极性,缺乏对自我发展的认识,不利于教师的专业成长。

3. 培训机制不健全

当前,高职院校教师培训主要是政府和学校的行为,但是政府和学校的相应的培训机制还很不健全,这主要表现在以下几个方面。

第一,学校和教师对培训的认识欠缺。

第二,各种培训形式还没有制定配套的管理措施。

第三,培训经费的筹集渠道单一,经费紧张。

第四,培训激励机制缺乏,不能激发教师的积极性。

4. 培训形式单一、内容与实际相脱离

与其他职业相比,教师职业有一个非常重要也非常突出的特点,就是“双专业性”,即教师职业既涉及学科专业,也涉及教育专业。这就要求教师所具备的知识要全面,既要有丰富的学科知识,也要有丰富的教育科学知识。然而,从目前情况来看,我国很多高职院校教师培训还主要重视教育知识等内容,这就很容易使培训的内容过分强调理论,而和教学实际相分离,难以在教师的教学过程中发挥真正的教育培训作用。

（五）我国高职院校教师培训的改进策略

针对我国高职院校教师培训目前存在的各种问题，可以通过以下几个方面的策略对现存的问题进行改进。

1. 树立教师培训的正确观念

高职院校要想顺利开展培训活动，就应当树立起教师培训的正确观念。当领导、管理者、教师都有这种观念后，培训受到的阻力自然就小。

首先，应当让教育行政主管部门、高职院校领导充分认识到教师培训工作的重要性和必要性，树立适应时代要求和社会发展需要的教师培训观念。

其次，高职院校应当通过各种渠道，广泛宣传教师培训的重要性、必要性和紧迫性，使教师充分意识到，培训不仅是教师的权利，而且是教师的义务。

2. 灵活调整培训时间

高职院校开展教师培训时不能将程序规定得过死，它作为学校日常工作的一部分，可以根据日常工作的具体情况而进行变动或者是适时调整，进而最大限度地方便教师知识的获取以及能力的提升。

3. 确定具有指向性的培训目标

高职院校教师管理一定要以教师为本，以教师群体以及个人的发展为宗旨，从学校以及教师的实际出发，进而提高教师的教育教学水平以及教育科研能力，提高学校的办学质量与水平。因此，高职院校教师培训，尤其是校本培训目标要具有指向性。这种指向性主要包括以下两方面。

第一，直接指向学校全体教师，目的是激发教师参与的主动性与热情。

第二，指向学校的教学实际，以学校为主要阵地，立足学校并促进其发展。

此外，高职院校管理者还应精心制订教师培训计划，既要有长期的培训计划，又要有每学期、每月的行动计划。

4. 选取具有针对性的培训内容

高职院校教师在职培训的内容要将学校发展以及教师发展的实际需要作为出发点，在内容上充分体现出差异性、实用性以及针对性，将教师培训与教师的实际课堂教学结合起来，促进教师专业水平的真正提高。

5. 注重培训效果的反馈

在高职院校教师培训过程中，培训者和受训教师都要对每次培训的效果进行评估以及反思，总结培训取得的成绩，发现培训过程中存在的问题以及不足，进而在下次培训中予以纠正与改进。通过评价，对教师的培训感受进行反馈，了解教师培训的效果，进而真正促进教师的教学能力以及科研能力的提升。

第五章 高职院校学生管理工作研究

学生管理是学校管理工作的重要组成部分，高职院校也是如此。学生管理工作的效果关系着高职院校的教学质量以及办学效益，也关系着学校人才培养目标和教育方针的实现。随着经济的快速发展和社会主义现代化建设的深入推进，各行各业对实用型、技术型和创新型人才的需求越来越大。随着高职院校扩招政策的实施，高职院校在校生人数也不断随之增长。如何在这样的背景下做好学生管理工作，应对当前高职院校的种种变革和挑战，是应当积极思考的一个重要问题。

第一节　高职院校学生教育和学生培养

一、高职院校学生教育

（一）树立自尊自强的信心

帮助学生树立自尊自强的信心，重新评估自己的能力，是促进学生人格健康发展和潜能充分挖掘的第一步，也是至关重要的一步。在升学竞争对教育的长期导向下，学校评价学生的标准主要是学科成绩，忽视了学生健全的人格培养。一方面，学生成了“考试的机器”，造成“高分低能”甚至“高分低德”的现象，难以适应新时代市场经济的需要；另一方面，高职学生在经受了考试失败的挫折后，身心疲惫，后劲不足，对前途产生了悲观失望的想法，也失去了对未来判断和选择的能力，不知道自己要干什么、能干什么。把尊重每名学生作为生命整体的发展需要放在首要位置，重视对他们的全面教育，促进他们认知能力、身体、道德和精神力量的全面发展，强调以行为本，而不是以结果来评价学生，转变那种“只有上大学、当专家才是人才”的狭隘人才观，技能型人才也是社会急需的重要人才。学校可采取“走出去、请进来”等多种形式的社会调查与社会实践活动，让学生倾听社会各行各业人士的心声，了解他们从事的职业与社会需求的重要关联，明白他们在平凡的岗位上干出了不平凡的事情，不仅赢得了社会的尊重，还实现了自身价值，同时对社会发展也起到了促进作用。让学生从活生生的事例中得到启发，领悟到人生的奋斗目标并不是只能通过上大学这条途径才能实现，还能通过其他各种方式，在社会各个领域展现自己的聪明才智，实现自己对生命的追求，“三百六十行，行行出状元”。

广大教师要达成一个共识，每个人的一生都蕴藏着许多机遇，对学生能力评价的最终标准是社会的检验，看学生踏入社会以后的表现、能力、贡献如何，展现在他们面前的将是一个全新的教育观念、教育体系。帮助学生增强信心，树立信念，强调学会做人比学会做学问更重要，要引导学生做自信的人，做意志坚强的人。良好的心理品质是一个人健康发展的必要前提，只有自身人格得到不断完善，人的生命价值才能充分体现，人的潜能才得以充分挖掘。在教学过程中，教师要改变思维定式，要明确教师不是学生意志的主宰者，而是启迪者、帮助者，对学生要多鼓励、多肯定，使他们产生积极向上的力量，获取信心，带着乐观、自信的心境去认识自我、表现自我。根据学生的实际能力，学校可开展技能竞赛、特长展示、演讲比赛等活动，让学生在努力发掘自我的过程中体验成功的自豪感和幸福感。

（二）重视学生的学习与思考

重视培养学生的学习和思考能力，为终身发展夯实基础。人们已经步入了一个终身学习的时代，在学校教育中获得的知识已不能满足人们的生存需要，在这个时代里，人们不仅需要不断学习，还要学会学习、善于学习。

素质教育的理念就是要求教师不仅要对学生进行知识的传授和能力的训练，还要对他们进行思维方式的训练，让学生学会学习、学会思考，为自己的终身发展奠定坚实的基础。长期的“应试教育”可能导致学生习惯接受现成的思维模式，缺乏主动学习的探索精神，特别是当学生未达到家长和教师要求的分数时，他们就会感到沮丧和失败，继而对学习感到厌倦。进入高职院校学习的这批学生，由于考试成绩不理想，心理上感到失落、无助，继而对学习不感兴趣，甚至惧怕学习。他们把失败的原因归结于自己的能力不足，天赋不够，这就要求从事职业教育的教师把培养学生的学习兴趣，提高学生的自我学习意识放在教育工作的首位。教师要承认孩子在求知的过程中属于不成熟的个体，应以学生为主体，构建一个充满阳光的课堂。教师在课堂上要少一些偏见与挖苦，多一些尊重与赞许，由单向知识传授转为双向情感交流，由一味指责转为想方设法让学生品尝成功的快乐，使各个层次的学生都能获得心理上的满足，从而使他们更加积极向上。教师在教学过程中要强调学习方式，让学生认识到学习的努力程度比学习的结果更为重要，要引导学生学会并掌握知识形成和将知识应用于实践的科学方法，培养学生对事物敏锐的观察能力与判断能力和对知识的分析与理解能力；在接受新信息、新理念时，具有取其精华，去其糟粕的选择能力；培养学生在熟能生巧的基础上勇于创新的能力；引导学生主动学习，独立思考，敢于去发现、去创造，敢于标新立异；教会学生发挥自己的优势，努力培养学生较强的可持续发展的能力；教导学生不关注一时的失败，只坚信自己每付出一分努力，都意味着朝着人生的目标前进了一步。成功了，归因于自己付出了努力；失败了，归因于自己努力不够，使学生正确看待自我，学会自己掌握自己生命发展的主动权，重新燃起探求知识奥秘的信心，把学习作为提升自己人生价值的重要途径。只有树立了强烈的自我学习的意识，学会学习，善于学习，他们才能主导自己的命运，拥有独立的思想，才会不断丰富自己内在的精神世界，创造出新的生命历程。

（三）选择适合高职学生的教育方式

在高职院校学生质量管理的过程中，可以采用问卷形式调查、收集对学生教学效果的反馈，从而全面了解学生的学习需求和状况，并根据这些反馈持续调整教学计划。在办学机制上要灵活多样，如在修完大一所规定的全部课程以后，学校根据学生的意愿分别设置就业班、升学班、第二专业班以及各种短训班等，让就业者有路可走，升学者有门可入，成人继续教育有平台可参与。在教学中，根据学生的文化基础差距较大这一实际情况，教师可以分层次进行教学。完全学分制的动态管理体系和灵活的课程结构能够锻炼学生的自主能力。学校可以增加限选和任选课程，学生可以自行选择学习内容，发挥自己的长处，弥补自己的不足，以适应学生的个性发展和职业方向。学生通过分组讲座这种教学组织形式，可以先思考并进行激烈讨论最终得出结论。精心处理教学组织形式的细节，努力营造轻松愉快的学习氛围。可以采用不断变换学习场所、交换座位等方式，使学生在新鲜感带来的探求欲里开始一天的学习。

高职院校的学生质量管理让教师可以尽情施展自己的才华。教师只要能围绕学生进行教学，对待学生有爱心和责任心，了解学生想要什么，并传授给他们社会需要的知识和能力，那学生一定能学到所需的知识和技能；学生将充分表达自己的个性，并发挥自己的长处，最终就业成功。学校要积极主动服务学生，选择他们能够接受和喜欢的教育方式，就能提高他们的创新能力，助力他们事业成功。

二、高职院校学生学习质量培养

国家越来越重视高等职业教育的教学质量，因为学生的学习成果真正能表明学校的育人效果、证明学校的教育质量。当前理论研究的重点是高职教育的质量，却忽视了高职学生的学习质量。

学生的学习质量决定了教育质量。高职院校对课程和教学模式进行探索，增加教育资源的投入，没有别的原因，都是想提高学生的学习质量。下面通过探索学生学习质量等核心概念，研究了高职学生的学习特点，归纳了高职学生学习质量的概念。

（一）高职学生学习质量的概念及其特性

1. 学生学习质量的概念界定

质量首先用于描述产品，后来才应用于服务、人员及活动等领域。质量是事物主客观规定性的量度表达，那么学生学习质量是对学习活动的主客观规定性的量度表达，是学习活动特性满足学生明确或潜在需要的程度[①]。基于人类最基本的需要（职业、成就、求真求善、安全和社交需求），学生接受学校教育，职业需求就是学生要找工作，这体现了一个人最基本的生存需求。而在当今社会中，学生要想找到工作，必须具备知识、技能和能力。成就需求就是说个人天然想要追求较高社会地位，通过自身具备的知识和能力回馈社会、追求目标并得到别人尊重。求真需求是学生想要探索事物本质和真理，求善需求是学生想要完善其道德和人格。前三种在所有需求里占相对大的比重。职业需求和成就需求是功利的，求真求善需求是非功利的，质量就是统一质（学习促进学生身心发展）和量（促进了多少）。

学习质量表现在两个方面：一是学习的过程；二是学习的结果。因此，学习质量不仅是学生自己对学习过程的感受，还是学习成果和目标的对比。

---

① 王军红，周志刚．教育质量的内涵及特征[J]．河北大学学报（哲学社会科学版），2012（5）：70-73.

学生的学习质量主要取决于学生是否满意学习活动的内容、结果、方式和过程等。学生的学习质量还会被学校的教学条件所影响。所以,学习质量最终的好与坏和学习内容、教师、同学、教学条件等都有关系。

学习质量反映了学生学习前后状态的差距,这个结果实质上表明了学习活动的有效性和学习对提高人们素质的影响。预期目标学校定也行,学生定亦可。比较学习效果和学校定的目标说明学习质量客观存在,而比较学习效果和学生自己的目标体现了学习质量是学生的主观感受,表现为学生的满意度。这不是学术性的,而是和教学过程、服务和条件相关,着重表现了教育质量。

2. 学生学习质量的特性

学习质量特性是关乎学生需求的学习活动的固有特性。

(1)功能性。功能性说明了通过学习得到的结果可以发挥应有的作用,可以提高学生的素质。例如,学生通过教师的帮助,获取知识和能力,进而能够学习水平更高的知识或胜任某种工作等,即学习成果满足某种教育标准。

(2)文明性。文明性指的是在接受服务的过程中,实体特性对消费者精神需要的满足程度。学习是指学生了解客观世界,并获取经验和知识来发展自己的身心。因此,它可以满足学生的精神需要。

(3)经济性。经济性用来评估消费者获得的服务和支付的费用(人力、物力和财力等)是否成正比。学生对学习活动投入了时间和精力。因此,他们想要获得他们投入的时间和精力与所获得的成果之间的关系,即学习效率。学习效率越高,学习质量就越高,反过来也是这样。

(4)舒适性。舒适性就是说消费者是否感到实体的服务舒适。例如,学生是否能在学校的课堂里体验到舒适快乐、公正公平,而不是感到焦虑和压抑。

(5)时间性。学生需要在规定的时间里完成学校的任务并达到标准。因此,学校必须满足学生的时间需求。例如,如果有问题,学生可以得到及时解答、教师可以按时上课等。

(6)安全性。学生的生命和财产不能在学习活动中有所损伤。

(7)可信性。可信性就是学生感觉学习活动结果可靠真实。相比学生而言,不管是在质方面,还是在量方面,教师的知识与经验都更有优势,学生会相信教师。

功能性和文明性是关乎学习结果的最基本的特性。功能性是指学校为学生提供学习和成长所需的知识和能力。文明性是指学校可以促进学生精神成长。经济性、舒适性、时间性、安全性、可信性都和学习过程有关，教师通过对学习内容把关、对学习方式的设计以及实施教学活动来实现上述功能，这决定了学生的学习效率和满意度。

3. 高职学生学习质量及其特性

学习质量的一个具体表现就是高职学生的学习活动能满足高职学生多少需求。高等职业教育结合了高等教育和职业教育，要培养的是高素质技能型人才，这些人才必须德、智、体、美全面发展，并能够胜任生产、建设、管理与服务。区别于其他教育类型，高等职业教育的目标决定了人才的培养形式和学生的知识和技能结构。例如，高职学生需要理论基础够用，拥有广泛的专业知识，并能够利用理论解决问题，且可以进行组织管理。高职学生的知识与技能结构决定了其课程结构、课程内容、教学方法、教学策略、教学服务、教学质量评估的重点与普通教育会有所不同，这种不同反映在学习中表现为学习内容、学习方式、学习过程和学习结果不同。[①] 因此，高职学生学习质量就是学生学习质量特性具体在高职领域的结果。

（1）高职学生学习活动决定了学习质量的职业性和实践性。学生学习是主体对客体（教师精心选出的人类的知识文化经验）的能动反映的过程。高等职业教育主要是为了培养学生的实践能力，这就决定了它主要学习的是技术知识。这些技术知识也源自人类的知识、文化和经验，只不过是围绕实践的。它不仅包含技术实践知识，还包含技术理论知识。技术实践知识直接控制技术过程。技术理论知识就是对技术过程的理解，是静态的符号，它能够促进对技术的理解。因此，学校就需要通过了解实践是否对技术实践知识有正面作用，来评估学生是否掌握了技术理论知识，这和普通教育所想要的完整系统的学科有很大区别。有了技术知识，才能培养学生的实践能力，才能使学生胜任工作岗位，它对于高职学生的学习质量有很大影响。

因为高职学生所学习的内容具备技术性和职业性，因此，他们的学

① 孙新铭，方修建，喻朝善．基于课程的高职教育教学质量评价 [J]．职教论坛，2013（14）：59-61.

习方式和过程必须具备实践性。在学习方式上，高职学生主要是“做”或“工作”，记忆为辅。学习方式和过程联系紧密。比如，“做中学”中“做”不仅表明了学习方式，还描述了过程。绝大部分的学习都在实际情境中展开，学生所学习的技术理论知识必须联系情境才能体现其全部意义。例如，学习护理专业知识不能不护理病人。这些知识会变化，体现在实践过程中，所以想要获得和运用技术实践知识就必须在情境中进行实践。这种认识活动也包含实践活动和自我反思活动。实践活动对培养技能型人才大有裨益。通过实践，高职学生学习知识、认识世界，而不是改变世界，从而确保了其学习质量。

（2）高职学生需要的多样性体现了学习质量的人文性。满足学生多少需求直接决定了人才培养的质量和教育目标。美国心理学家马斯洛的需求层次理论把人的需要分为五类：生理需求、安全需求、爱和归属感、尊重和自我实现。生理、安全、爱和归属感应为低级需求；尊重和自我实现需要则是高级需求。自我实现需要就是精神追求，能激发个人潜力，发挥创造力。

上述这些需求具体到高职教育就是职业、成就、求真求善、安全和社会需求，因此，高职院校不仅要使学生拥有某职业的技能，还要使他们能胜任多种职业。高职教育不是以前认为的一次性的教育，而是终身教育，使学生能够适应不断变化的岗位要求，使学生不管是求职还是继续深造，都能终身受益。高职学生自己不知道所学的知识、技能是否有价值，他们只是希望能够学会所需要学习的内容，并且这些内容不管对现在还是对未来，都能有所帮助。因此，教师要积极引导学生树立终身学习的理念。高职教育除了使学生学会谋生，还要关注他们的精神世界和个性发展，让他们的精神也有所成长。只有这样，学生才能实现自我。

（二）高职学生学习质量的表现

实证性质量表达用指标具体客观表现实体特征，使用统计和度量等方式定量分析质量的指标。[①] 质量标准就是明确的规格，需要预先设定好。判断质量好坏对比实体特征和质量标准即可，越符合标准质量越

① 王凯．和谐校园建设下高职院校学生管理研究[M]．长春：吉林出版集团股份有限公司，2021：105．

高。学校和专业层面的学习质量表现主要是就业率、课程通过率和资格证书获得率。学生层面的学习质量表现是学习时间和行为。

1. 高职学生学习质量的实证性表达方式

实证性是实体静态的状态或明确的结果能满足多少质量标准。适用性质量是用户在使用产品时能有多少需要被满足。用户的需要包括显性需要和隐性需要。符合性质量只看事物有没有符合标准,此外,还看事物有没有满足周围环境、其他个体或群体的需要。个人层面上,高职教育有利于学生求知,使学生获得知识、技能和能力,它还要测试学生心理上是否满意学校环境等。从整体出发,高职学生学习质量符合学校的教育标准因而取得毕业证书,但这不能说明其就达到了用人单位、社会和政府的要求。因此,高职学生学习质量不仅需要学校评估,还需要终端组织评估。归纳来说,实证性质量表达侧重实体的固有特性和主体的显性需要,适用性质量表达则与之相反。其适用性表现是教育服务能满足学生多少需求和能力能满足用人单位多少需求。

2. 高职学生学习质量的满意性表达方式

满意性质量必须达到主体要求,也就是需要使主体满意。满意性质量是全面、动态、发展的质量,即主体不断追求更高的质量。满意性质量表达围绕人,在其价值和利益上满足主体的期望,包含表层的静态和深层的动态、结果和过程质量。满意性质量表达需要注意主体现在和以后的需求。满意性质量表达要实现的是各个关联主体的共赢,要从整体上进行优化,并不很注意单个主体需要或单环节完善。在微观上,高职学生学习质量的满意性表达是指学生对教师教学和学校环境满足其自身需求程度的表达。在宏观上,高职学生学习质量的满意性表达是指行业、企业和社会、国家对高职院校的毕业生满足其自身需求的程度的表达。满意性质量表达更全面、更立体化,它体现了许多关联主体诉求的共同点。例如,学生、行业、社会和国家等都想使学生拥有就业能力,高职院校通过培养使他们满意。高职学生学习质量的满意性表达有学生对学习成果、企业对学生职业能力、社会和国家对其社会贡献以及家长对孩子成长情况的满意度。

第二节　高职院校学生思想管理与学习激励

一、高职院校学生的思想管理

思想是行动的领导者，特别是对于处于成长阶段、身心不成熟的学生，他们思想更活跃。管理学生首先要管理的是思想。其思想活动客观存在，但既看不到，又触摸不到。思想活动不是没有源头的水、没有根的树，它是客观世界的表现，因此具备规律性。高职院校要有针对性地管理学生的思想，做好他们的思想工作，并符合学生的思想规律。思想管理的基本内容主要包括四个方面。

第一，促使学生树立正确的世界观、人生观，并学会运用辩证唯物主义观察、分析和处理问题，培养其奉献精神，使其思想健康发展。

第二，使学生树立崇高的理想和信念，坚定政治立场。

第三，使学生遵守纪律和法律，自觉增强法治意识，使他们能够自律。

第四，解决学生实际的思想问题，使他们更积极、主动地去创造。

从入学到毕业学生会经历三个阶段：入学、修业和毕业。相应地，管理也是这三个阶段。学生在不同的阶段里思想活动不同，思想管理工作的重心也随之发生变化。入学阶段学生因为自己的角色变了，角色和动机发生冲突，所以思想波动很大。这时候做思想工作必须从学生思想波动的原因入手，整体的教育和单独的教育都要有，使思想工作更有针对性，端正学生入学的动机，使学生尽快适应自己角色上的转变，适应大学生活；修业阶段使学生思想发生变化的原因很多并且分散，所以思想工作形式多样且随机应变，主要还是要单独给学生做思想工作，动之以情，晓之以理，示之以行，耐心地讲清楚道理，对有实际困难的学生，必须帮助他们解决实际困难；在毕业阶段，学生即将就业，思想上会产生较大的波动，导致波动产生的原因也比较集中，在这个阶段要时时关注学生的思想活动，积极展开教育，实事求是地分析学生的优缺点，提前做好毕业教育工作。

二、高职学生的学习激励

高职院校的学生绝大多数是青年。他们精力充沛,活力四射,思维活跃,能够发挥自己的长处。但他们之中有的没有学习的动力、厌学,这些问题一旦不能得到及时解决,就不能实现高职院校的教育目标。要想使高职学生积极主动学习,可从下面几点入手。

(一)提高认识

首先,使学生的思想觉悟得到提高,让他们树立正确的学习目标。高职学生三年的学习时间可以影响其一生的发展。因此,学生经过高职院校的教育,应该明白自己需要承担的历史责任,理解自己今天的学习关系到国家明天的发展和未来的建设,看到不断更新的科技文化;学生应该通过教育了解到世界上的新技术,并积极主动承担责任,通过努力学习来为国家的科技发展作出贡献。

其次,使学生了解到专业学习的重要性,以此来提高他们的积极性。热爱是最好的教师,只有让学生喜欢所学的专业,他们才会产生积极性。有些学生自身就对专业有兴趣,那么教师就需要维持他们的学习热情。没有兴趣的学生,则需要教师去发掘他们的兴趣,并让他们了解到专业的作用。教师可以组织学生参观相关工厂和企业,使学生可以从感官上认识专业;或邀请校友回学校为学生作报告、开讲座等,这样学生就能了解专业如何推动新技术革命和经济发展;或通过实践让学生明白学习有多重要,从而提高他们的学习兴趣,让他们热爱专业,认真学习。

再次,传授学习方法。大学和高中的课堂差别很大,很多学生习惯于高中课堂的教学方法。因此,大多数学生认为大学课程很容易,也就放松了学习,不再努力提升自己。在新生入学时,教师要给他们讲述松懈的后果。这方面高职院校可以通过让高年级的学生讲述他们的经历来实现。同时,学校还要开展介绍学习方法的讲座让学生学会学习。如果有些学生确实很难适应,导致成绩不尽如人意,那就需要建立帮教小组,单独对他们进行辅导。

最后,开展职业设计与辅导。毫无疑问,高校扩大招生规模导致就业市场竞争激烈。如果一个人只有高学历,那他就会被高素质、高水平的人挤下去。因此,学生为了生存和发展必须努力提高能力和素质。在这种现状下,学校可以增设职业指导课,学生可以通过问卷了解自己的性格、能力和职业倾向,这样,他们就可以更有重点地去学习知识,为就业打好基础。让学生了解实际就业情况并做好心理建设是学校的义务,这可以使学生在就业时得心应手,不会茫然失措。

(二)营造合适环境

尽管有的学生自身素质较好,但他们的自控能力较差,这是因为没有好的学习氛围。还有很多学生不能很好地处理自己的学习和生活。为改变现状,高职院校可以通过以下三个措施建设良好的校园环境。

1. 营造良好的学习氛围

习惯的养成需要生活环境的配合,良好的学习氛围对学生的学习态度、学习热情影响很大。如果高职院校能够创设良好的校园环境,就可以通过环境逐渐影响学生,实现各种学习的可能性,使学生有动力去学习。因此,教师要设计适合高职学生的教学方法,营造一个民主、平等的环境,开发学生的潜力。

2. 加强培训,树立榜样

在院、系的干部培训中,学校要培养起带头作用、思想先进的学生干部,入党积极分子则更要为其他学生做表率,但是高职院校还需要探索如何去发挥这支队伍的示范作用。受训过的学生干部需要做到的是生活中关心同学,主动帮助同学解决困难;需要有坚定正确的政治立场;及时了解同学的问题并帮他们解决矛盾。在教学上,师生互动学习,提高效率。学生干部、入党积极分子需要通过自身引导,带动自觉性较弱的同学融入浓厚的学习氛围,整顿校园环境。

3. 完善激励机制,进行各种评比

高职院校的各个院系要逐步完善激励机制,开展更多评比活动,采取更多措施鼓励和肯定学生干部的工作,鼓励学生通过竞争共同进步,挖掘自身潜力。在各种激励机制下,学生必定可以大展身手,互相鼓励,弥补缺点,共同进步。最后,组织讲座并改革教学。

当前社会竞争激烈，为了在竞争中脱颖而出，高职院校要制订合适的学习和管理方案，实事求是地改革教学，不仅改革教学内容和方法，还要应用本科院校的学分制，逐步完善教学体系。不仅如此，高职院校还要积极开设专业的知识讲座和咨询机构，使学生能够自主发展、解决问题，营造良好的学术氛围。

第三节　新时代高职院校学生管理工作的新方向

目前，我国各行各业都需要大批的高等科技人才和专业技术人才。高职院校作为培养高素质技能人才的重要基地，肩负起为各行各业输送人才的重任。但是随着高等职业教育教学规模的不断扩大和招生人数的不断增多，高职院校在学生管理方面的难度日益增大，在工作过程中出现的问题也日益增多。因此，抓住新形势下高职学生的特点，积极探索适合当前形势下的学生管理工作新方向和新方法，是摆在各个高职院校面前的重要问题。

一、坚持“以学生为本”的管理理念

正确的管理理念是实践教育教学改革的重要依据，也是促进高职院校学生管理的重要前提。当前形势下，在学生管理工作中加强以人为本思想的运用，建立和发展“以学生为本”的管理理念，切实做到人性化的管理正是高职院校教育改革的应有之义。

“以学生为本”，就是在管理中要以学生的需求为标准，将学生作为教育教学和管理工作的主体，从而优化高职院校的学生管理方案。[①] 高职院校学生正处在身心发展的关键时期，他们有较强的自尊心，十分看重教师对自己的看法，心思细腻而敏感，对于事物的发展有自己的看法和判断。因此，传统的“填鸭式”教学和以教师为本的管理方式已经不

① 王颖．以人为本思想在高职院校学生管理工作中的实践体会[J]．信息周刊，2019（52）：256．

符合当前学生的特点,若不尽快加以改进必将引起学生的反感,无法达到预期的管理效果。

学生管理者在工作中要坚持“以学生为本”的理念,充分发挥学生的主体作用,培养学生进行自我管理的主动意识,积极改善传统学生管理理念和方式的弊端,从而实现高职院校管理学生转向服务学生的管理模式。如教师面对学生的问题和缺点时,不能一味地批评和处分,应当注重教育的方式方法,尊重学生的独立人格;班主任在进行学生管理时,要把握高职院校学生的成长规律,真正了解学生进步和发展的需要,更好地围绕学生的学习和生活来开展管理工作;在日常教学中,教师也可以改变以往单一的长辈和管束者的角色,扮演学生的朋友或者亲人,时常进行换位思考,学会站在学生的角度思考问题。

另外,目前社会上对高职院校学生有着一些刻板印象,各种片面的说法对高职院校学生的发展产生了很大的负面影响,很容易使学生陷入一种自我怀疑的尴尬境地,让学生丧失信心并从思想上不相信自己。因此,“以学生为本”应当加强树立学生的自信心,使学生从思想上得到转变,成为自我发展的服务者,找到更加适合自己发展的立足点。班主任更要加强对高职学生职业观念的培养,鼓励学生正视自己的价值和位置,促进学生努力学习专业知识,加强对实践技能的参与和锻炼,培养学生面对现实、迎接挑战的勇气和能力,帮助学生以更好的状态去面对今后的职业生涯。

“以学生为本”的管理理念还体现在管理者角色的转变上,即将学生作为教学管理的主体,强化学生的地位,促使学生可以充分发挥自我教育、自我管理和自我服务的作用。这是“以学生为本”的学生管理理念得到有效贯彻落实的重要一步,能够建立起学生容易接受的管理方式,也能够从根本上转变学生的思想及行为,促进学生主动积极地学习理论知识并进行技能实践,提升自己的综合素质,实现全面发展。

二、充分调动学生干部的管理积极性

在学生管理工作中,以辅导员为主的教师队伍无疑处于主导地位。但教师不可能一天 24 小时时刻与学生待在一起,那么充分发挥学生干部在学生管理中的关键作用,调动班干部积极进行自我管理就显得尤为重要。在高职院校学生的管理中,组建一支得力的班干部队伍可以使教师的管理工作更加得心应手。因为学生干部来源于学生群体，又在管理中回到学生群体中，他们能够更加全面地了解学生，也更便于和学生进行沟通，更真实地了解和反映学生的真实情况，从而大幅提高学生管理工作的效率和成果。

在组建学生干部队伍时，辅导员要注意选拔具有号召力的学生，注重学生的组织能力和领导能力，衡量其是否能够将其他学生很好地团结、号召在一起。同时在选拔之后，还要学会用人，让班干部去做一些力所能及的管理工作，从而以学生管理学生的方式助力教学管理工作的开展，重视班干部以身作则、遵守班级管理条例意识的培养，发挥班干部在学生管理工作中的良好带头作用。

三、建立以就业为导向的学生管理模式

高等职业教育既不同于传统的职业教育，也不同于普通高等教育。相应地，各大高职院校在生源、人才培养目标，以及学生管理工作上都具有不同于其他教育的职教特征。基于这一特征，我国高职院校应该着力建立以就业为导向，以培养学生技能为主的学生管理模式，着力培养学生的专业能力，为学生步入职业生涯打下坚实的基础。

（一）注重学生技能的培养

高职院校在进行学生管理过程中应该注重学生技能的培养，与和学生专业相关的用人单位紧密联系，培养专业性强的应用型人才。具体表现在对技能培养和第二课堂的重视上：高职院校的学生一般具有较强的动手能力和组织策划能力，因此，高职院校在学生管理中要侧重培养学生的职业技能，通过“创业计划大赛”“职业能力大赛”等达到“以赛代练”的目的；还可以通过开展专业相关的社团活动和社会实践活动，提高学生应用知识的能力，在第二课堂将学生培养成专业化、技能化的应用型人才。

（二）培养和提高学生的综合素质

面对当前社会越来越严峻的就业形势，培养和提高学生的综合素质

刻不容缓。高职院校在学生管理时应积极开展素质拓展教育，重视学生的职业道德和整体素质的培养，着力将就业指导全程化和分类化。特别是辅导员，要为学生提供科学的职业生涯规划和就业指导以及相关服务，帮助学生树立正确的就业观，引导学生到基层、到西部、到祖国最需要的地方建功立业。

另外，高职院校学生的管理工作还必须考虑到学生在具体就业时所面临的问题及其解决办法，实行学分制，将对学生的就业考核纳入学分制管理中，深入了解学生的情况。对一些家庭经济条件存在困难的学生，可以开设校园绿色通道，适当地进行资助和保障，为其推荐对口的岗位名额；还可以鼓励创办高职院校毕业生创业基地，并拨出一部分公益资金用于就业资助体系。在专业和产业结合方面，可以引进一些社会上的投资合作，让高职院校真正地走向社会，为各行各业、各个岗位提供所需要的专业技术人才。

四、实施激励措施的学生管理模式

以事后追责和惩罚为主的强制性传统管理方式已经过时，要做到当前教育要求的防御性管理，激励措施的使用势在必行。它能够培养学生积极上进的心态和良好的学习习惯，引导学生进行自我约束，主动设立并完成不同时期的学习目标，树立学习自觉性和自信心；它能够培养学生形成正确的世界观和价值观，对自己的职业生涯进行合理的规划，正确认知所选职业对社会发展的意义；它能够很好地预防学校违规事件的发生，有利于构建和谐的校园环境。

教师在采用激励措施管理学生时，要耐心细致地指导学生，运用各种机制来调动学生的积极性，在过程中形成自我约束力和自我激励的信念，从而积极配合学校管理。另外，高职院校在对学生进行激励管理时需要做到因材施教，运用多样化的激励措施使激励政策适用不同层次、不同心理、不同个性的学生，使高职教育真正成为具有针对性的教育模式。具体的激励措施如下：

（1）以职业发展为导向进行激励。教师可以对学生的表现和兴趣等进行系统的分析和总结，制定学生职业发展的方向，激发学生为职业目标而不断完善自我的动力。

（2）合理运用奖惩措施。所谓的奖惩措施，可以解释为“奖勤罚懒法”,奖勤是对那些表现优秀、参与活动积极、配合学校管理的学生进行相应的奖励,鼓励其继续努力;罚懒是对那些表现不好、行为惫懒、不配合学校管理的学生进行适当的惩罚,约束他们及时改正错误并向优秀学生学习。

(3)典型和榜样激励法。在学生管理工作中,可以将表现好的班级和个人树立为典型和榜样,开展形式多样的评奖评优活动,在学校内宣扬他们的优秀事迹,起到正向带动的作用,促进其他学生向之学习并不断全面发展。

(4)信任和关怀激励法。高职院校的学生正处在需要信任和尊重的年龄,教师在学生管理工作中采用感性管理的方法,给学生足够的自由和尊重,建立起良好的师生友谊,给予学生真诚的鼓励和引导可能会发挥出意想不到的作用,给学生无比的力量,从而更有利于学生管理。

第六章 高职院校教学信息化管理研究

第一节　高职院校教学信息化管理工作概述

信息化教学环境建设是学校实现教育信息化的基本前提和重要基础,信息化教学环境建设水平决定了学校能够实现的教育信息化程度。学校要想推进教育信息化,首先就必须建设信息化教育软硬件环境,如建设校园网,建设多媒体教室、多媒体计算机网络实验室,建设教学资源库等。如果没有这些信息化教学环境建设,教育信息化就是镜中月、水中花,是无法实现的乌托邦。

教育信息化需要信息化教学资源的支持,信息化教学资源是教育信息化的核心内容。信息化教学资源可以依靠学科教师自制,也可以从市场上购买。从当前的教育信息化发展阶段来看,市场上与课程内容相关的信息化教学资源库无论是在内容上还是在类型上都已经非常丰富,通过市场购买和校际共享可以较好地满足日常教学中对信息资源的需要,减少教师制作课件的压力,让教师能够将更多的精力和时间放在教学设计和信息化教学环境的创设上。因此在经济许可的情况下,学校或者教育主管部门购置教学所需的信息化教学资源库是一种明智的行为。

在高职院校教师信息技术能力培训中经常将以计算机和网络为代表的信息技术使用能力的培养作为教师培训的重点,培训的内容集中在计算机的基本使用和办公软件的使用、多媒体制作软件的培训上。如在某博文《教育技术是个球》中就提到一个案例,教师脱产一周主要是学习 Flash,教教师们怎么做一个飞来飞去的球。从教师培养的角度来看,使用信息技术的能力属于教师信息素养的一部分,特别是随着教师信息技能的不断提高,教师培训应当突破这一限制,将培训的重点引向构建学习环境的能力、知识深化的能力和知识创新的能力。

信息化教学效果的提高与否,在很大程度上取决于教师进行信息化教学的能力,使用计算机的能力和制作课件的能力只是其中的一小部分。有研究表明,教师信息化教育的能力与使用信息技术的能力并没有直接的相关性，只要教师具备基本的计算机操作技能和多媒体教学软件的使用技能，就完全有能力进行信息化教学活动。但是这并不意味着教师能够有效进行信息化教学活动，教师信息化教学还需要其他知识和技能的支持。

从教师培训角度来看，对教师进行信息化教学方法的培训比对教师进行信息技术使用技能的培训更为重要。

虽然可以通过培训来提高教师的信息化教学的理论和技能，但是教师信息化教学技能并不能简单地通过短期培训来获得，在教学实践中进行学习是最有效的一种方式。在教学实践中创设良好的学习和讨论环境，促进教师在正式学习之外开展各种非正式学习活动，如定期组织听课、评课、说课活动，组织信息技术支持下的各种新课程的教学观摩活动，开辟教师教学研讨中心，提供案例和资料供教师观摩和研讨，让教师可以有更多的机会接受新的教学模式和教学方法，扩大教师的专业视域。从前期的研究看，随堂听课和评课是促进教师教学能力的最有效方式。在专家的指导下进行定期的听课、评课活动，参与信息化教学研究项目，参加各种专题研讨会都可以达到这一目的。

当前不少教师的视域被局限于学校课堂教学的范围，其教育教学行为处于较低的层次、较窄的范围，教师的工作被窄化为“教书”，教师将教育信息化也主要集中在知识传递和成绩提高上，不注重学生创新思维的训练，不重视学生探究问题、分析问题的能力和意识的培养。因此，在教学实践和专业学习的过程中不重视知识创新能力和知识深化能力的培养，也缺乏这方面的意识。在教学实践中这种局限的视域限制了他们的教学行为。社会转型要求教师教育向质量提高型转变，提高教师的教育理论素养成为当务之急，而参与专业研讨会、广泛阅读权威期刊中的前沿研究论文就是扩大教师视域、培养教师信息化教学能力最快捷的方式。

目前，教育信息化还处于一个不断发展的阶段，信息化教学的模式和方法还不成熟，需要各个学科的教师根据各个学科的特点，探索适合本学科的信息化教学模式。在当前的学科教育信息化教学模式的探索过程中，具体学科教学模式的研究，通常是学科教师根据自己的教学实践和经验进行总结的结果。学科教师在信息化教学一般原则的指导下，可以结合学科教学内容、教学目标和学习者特点，探索合适的信息化教学模式。

最后,教育信息化对以校长为代表的教学管理者角色也提出了新的要求。在教育信息化的进程中,校长是关键。校长及其领导集体的教育技术领导力是其教育技术素养在管理层面的一种反映。校长及其领导集体的领导力在决策、管理、服务、评价四个方面影响了学校的教育信息化进程,校长及其领导集体的信息技术知识与技能,理解和应用信息技术的能力,信息化的管理水平等制约了学校的教育信息化发展规划与实现。教学管理者能否达到教育信息化所需的能力,无疑会影响学校教育信息化的顺利进行。

第二节　高职院校信息化教学资源建设与平台打造

一、教育信息化建设的核心——教学资源的建设

教学资源是用于教育和教学过程的各种信息资源,它的开发、建设和利用是教育信息化的核心。随着现代教育技术越来越广泛地运用于学校教育教学中,教学资源的建设应成为学校信息化建设刻不容缓的目标。

(一)教育资源共建共享现状

我国的基础教育数字资源建设已经初现成果,主要体现在国家教育资源公共服务平台,各省、市及区县也都建设了各自的资源库或资源平台,部分有条件的市县平台与国家级平台实现了初步用户互认。基础教育资源包括内容性资源与工具性资源两大类,内容性资源包括教学课件、多媒体素材、教学案例、课程视频、电子教材与题库试卷等;工具性资源包括软件工具、实验平台、网络学习平台等。相对工具性资源,更偏重内容性资源,因为它的主要服务对象是教师或者学生,基础教育资源主要面向教师或学生,可以归为内容性资源和工具性资源两大类,但以内容性资源为主。不论是国家级的资源平台,还是各省、市、区县的地方级资源平台,都涵盖了 K-12 各个年级的教材相对应的资源内容,科目

包括数学、语文、英语、物理、化学、生物、历史、地理，但是音乐、美术、体育、信息技术等素质培养学科的内容与基础学科相比要少得多。

在职业教育领域，我国的教育资源建设也取得了不错的成绩。例如，现已经形成了国家、省、学校三级职业资源库建设体系；高职教育的19个专业大类已经被资源库全覆盖，中职教育也被覆盖大部分，剩下的还有待于继续开发与完善；资源库共建共享与学习成果认证制度也已经建立了起来；职业院校和行业、企业教育资源的整合在全国范围内也取得了一定的成果。

在高等教育领域，我国的各高职院校不仅能够自己独立完成课程的开发与建设，而且学校与学校之间、学校与企业之间能够合作开发教学资源，实现教学资源的共建共享，很多高职院校的精品课程已经免费向大众共享。值得一提的是，教育资源的区域协作模式已经初步形成。

继续教育领域积极推进MOOC、网络课程、微课等数字资源课程建设。不同高职院校之间组建联盟，联盟成员之间秉持共享发展与协同创新理念，精选输出优质资源，择优引进资源，共同制定资源研发的技术标准，打破教育资源开发利用的传统壁垒，推进校际资源的共建共享。

由此可见，在智能时代，随着技术的发展以及政府的大力支持，我国教育资源建设已经取得了一定的成果，资源数量相当可观，资源库的建设已经较为普及，但是也存在很多问题。例如，新冠疫情期间，对教师资源的使用情况进行调查，结果并不乐观。现有的教师资源使用率并不高，调查表明，我国现有的教学资源虽然内容丰富、数量可观，但是能符合教师需求的并不多。这主要表现在资源的类型不够完整、得到教师认可的优质资源较少。教师和学生需要的不是单一的教学资源，而是能够满足他们个性化需求的教学资源。过泛的教育供给与精准的教育需求之间呈现出结构性失衡①。教学资源的数量和质量的分布也存在着不均衡的现象，教育发达地区的教学资源数量明显要多于教育欠发达地区，教学资源的质量也要远高于欠发达地区。这种不均衡还表现在资源类型上，工具性的教学资源数量要远远少于内容性教学资源。随着教育信息化的发展，对教育资源的服务意识要求越来越高，但是我国的教育资源公共服务却明显跟不上教育信息化发展的需要。各级资源服务平台

---

① 冯晓英，王瑞雪，曹洁婷，黄洛颖．“互联网+”时代三位一体的教育供给侧改革[J]．电化教育研究，2020（4）：42-48.

的建设秩序混乱，缺乏统一的管理，各级平台之间的互联互通还有待进一步深入，区域之间协作还有待进一步加强，以便更好地实现资源共享。

（二）智能时代新的资源观

未来的教育必然是基于网络环境的更加开放的教育，是更加重视学生个性化和多样性的教育，是引导学生主动探究和快乐学习的教育，是让所有孩子都能享受到优质教育资源的教育，因此未来数字教育资源的发展必然是基于个性化的数字教育资源服务和教育教学模式的创新。

陈丽教授认为互联网使得人类借助于新的手段将全部智慧汇聚，出现知识回归现象[①]，将形成一个不断吸纳新知识、不断传播新知识的生态体系。智能时代资源呈现新的特点，如图 6-1 所示。

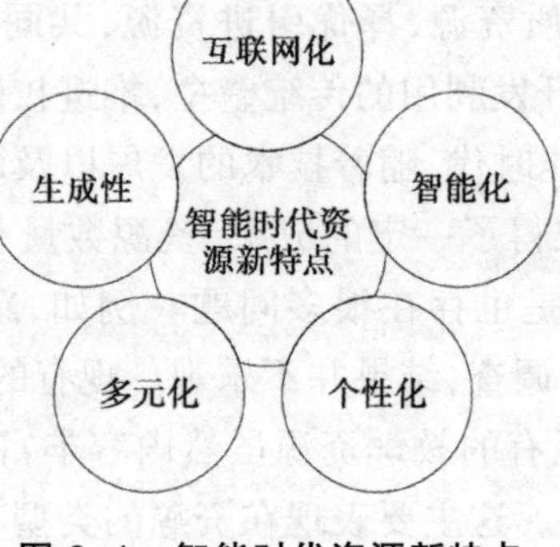

图 6-1　智能时代资源新特点

在教育资源呈现的新特点的背景下，教育资源观也随之发生转变，具体表现如图 6-2 所示。

① 陈丽，逯行，郑勤华．“互联网＋教育”的知识观：知识回归与知识进化[J]．中国远程教育，2019（7）：10-18.

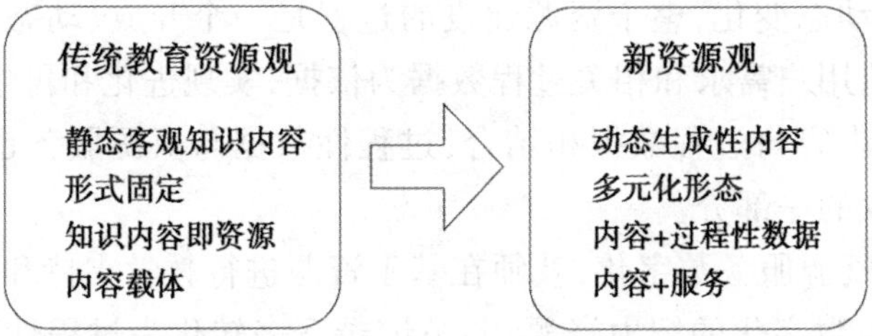

图 6-2　智能时代资源观的转变

（三）智能时代教育资源共建共享新模式

1. 以市场为主导的资源共建共享机制

智能时代，学习方式的变革、学习需求的多元化、网络文化理念的侵入、技术的不断革新等诸多要素共同催生了我国数字化教育资源建设的新动向和新机制，教育资源共建共享机制发生变化，由无序的状态逐渐走向市场调节的状态，如图 6-3 所示。

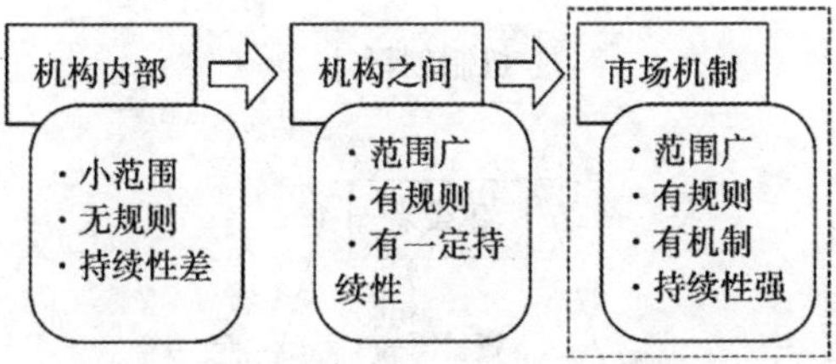

图 6-3　教育资源共建共享机制变化

2. 多主体参与的资源建设模式

智能时代，教师、学生不仅是教学资源的使用者，他们还会参与到教学资源的开发建设中。教学资源不再是仅靠专业人员开发与建设，每个社会大众都可以成为其开发与建设的主体。多主体共同参与的资源建设模式主要表现出以下几个特点。

第一，去中心化，教学资源建设的主体由专业人士变为每个使用者。

第二，使用者贡献，由于知识是不断流通与传播的，教学资源的使用者在使用教学资源的过程中生成的过程性数据会成为资源库的一部分，对资源的建设起到完善的作用。

第三，动态变化，整个资源建设的过程是一个开放、动态的过程，资源在其中以用户需求和相关过程数据为依据，实现进化和再生。

第四，内容与过程数据相结合，过程性数据与资源服务也是教学资源必不可少的一部分。

第五，资源服务数字化，教师在基于资源进行教学支持和指导时，其服务外化为数字化的智力资源，并被记录下来转化为过程性资源，流转到不同区域和机构，促进了社会化协同服务模式的形成①。

3. 完善的技术支撑和政策保障体系

教育资源建设和共享是一个庞大而复杂的系统工程，既需要智能化的技术（云计算、物联网、数据挖掘、语义网、区块链技术、虚拟仿真技术等）支撑，也需要创新的建设机制（资金投入机制、资源配置机制、利益分配机制、有偿共享机制等）和完善的制度（技术标准、资源标准、服务标准、管理标准等）保障，具体如图 6-4 所示。

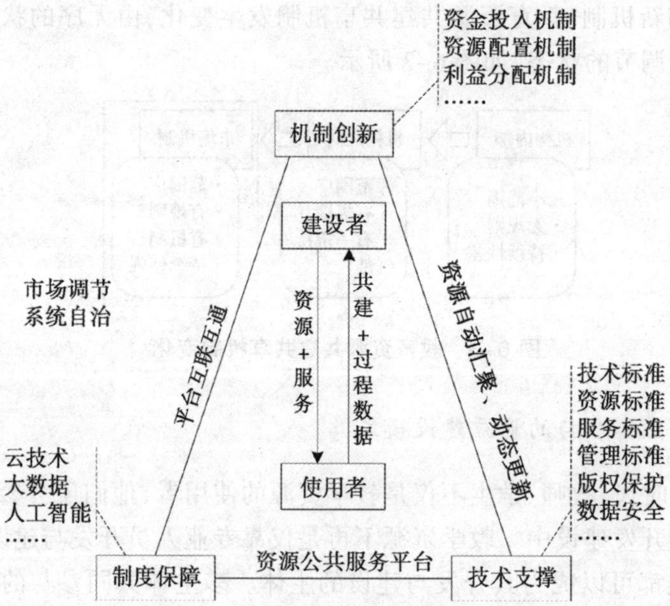

图 6-4　智能时代教育资源建设新模式

① 赵宏，蒋菲．"互联网 +"时代教育资源建设新模式探析 [J]. 电化教育研究，2020，41（7）：48-54.

二、教育信息化数字资源建设

(一)数字教学资源的来源

数字化教学资源的来源途径主要有三种,分别是对现有资源的数字化改造、师生共同创作数字化资源和专业人员开发建设数字化资源。

1. 现有教学资源的数字化改造

就目前我国存在的教学资源来说,大多数都是过去教育教学实践中积淀的非数字化教学资源,包括印刷品、音像制品等,只有少数是近几年开发的数字化教学资源。这些非数字化资源的数量特别庞大,其中精品数量也不少,就现在而言,教学价值也是极高的。将这些非数字化资源改造为数字化资源,不仅可以带来经济效益,还可以带来一定的社会效益;既可以挽救有价值的教学资源,还可以节约教育经费,缓解教学资源的匮乏。

在现有的资源当中,我们可以使用数码相机、数字扫描仪等仪器将图片和文字材料转化为数字化教学资源,使其可在计算机上加工、处理和传输;对于音像材料来说,我们可以使用计算机软件、相关设备等对其进行改造,使其成为数字化资源。随着信息化技术的不断进步,在教学中使用更加广泛的是数字化音像资源,传统的模拟设备正在被取代。

2. 师生共同创作的数字化资源

随着数字化教学和数字化学习的产生,产生了一种新型教学资源,即师生共同创作的数字化资源。该类教学资源具有以下三种基本类型。

(1)展示型作品。一般情况下,可用来展示的作品是学生作业的电子稿,教师在教学过程中可发布部分优秀的、典型的学生电子作品,供其他学生观摩和学习。

(2)师生交流作品集。学生与教师之间的相互交流是主要来源。交流作品是:就某一问题,师生之间的交流;教师解答学生的疑难问题。

(3)教师对学生进行评价的作品集。通过教师教学评价活动,教师对学生作品进行评价并给出分数,这是该部分资源的来源。

3. 专业人员开发建设的数字化资源

数字化资源的主要来源是专业人员开发建设的资源，开发和建设过程如下所述。

（1）初期制作。获取所需要的素材，按照一定标准对素材进行分类，并且描述出素材的格式、类别等属性。

（2）素材集成。初期制作之后的素材，虽经过分类，但还是比较零散，没有形成完整的教学功能，这时就需要对各种素材进行处理，将其集成为完整的教学单元。对于文本、图像、声音、动画及影像等素材，创作人员使用多媒体集成软件对其进行集成编辑。目前，有 PowerPoint、Authorware、Flash 等是常用的多媒体素材集成软件。经过集成处理的素材，具有较强的教学功能，在教学实践中可直接使用。

（3）内容标引。完成后的素材，还要经过专业人员对其进行标引。标引工作包括分析资源内容、给出主题、对资源设计关键字等标示，为资源检索提供方便。

（4）质量检查。检查的内容包括标引的正确性，图像、声音及视频质量，文件大小，格式等。

（二）数字教学资源的优势和劣势

与传统的教学资源相比，基于计算机和网络的数字教学资源有其独特性。教学资源的类型多种多样，内容繁杂。传统的教学资源需要耗费大量的时间和精力来管理。基于计算机技术，尤其是数据库技术的数字信息资源，在分类、存储、查询、输出时都可以做到有条不紊，高效优质。教学资源管理的高效性也为利用资源带来了方便和快捷。光盘和大容量硬盘的使用，让教学资源，尤其是教学素材的运用变得更加方便。网络技术的运用克服了地域上的局限，使教学资源的传输更加便捷。运用各种软件制作的动画、视频剪辑等数字化教学资源，可以使教学中动态、直观的信息的使用量大大增加，这些动态演示在可控性方面也得到了极大的改善。但是，网络上的数字教学资源也存在着一些问题。例如，网站地址的频繁变动，会造成信息链接的不稳定，信息内容保存时间短；信息资源发布有很大的自由度和随意性，缺乏必要的质量监控和管理机制；信息检索准确度不高等。

（三）数字教学资源库的建设

1. 数字教学资源存储的基本要求

在获取了大量的教学资源之后，就需要对其进行分类存储。教学资源的存储必须满足存得上、找得到、读得出、信得过、用得起五方面的要求。

第一，存得上：就是要具备完备的资源收集提取策略。

第二，找得到：要求对资源有科学的描述，为资源的提取提供方便。

第三，读得出：对找到的数字资源，还要能够方便地将资源还原呈现出来。

第四，信得过：让资源的托管者、资源的管理者和资源的使用者都确认系统是可信的。

第五，用得起：教师在选择资源、建设系统时，应该考虑到学校的经济实力，即必须保证能用得起这个系统。①

资源使用成本包括系统建设成本和运行维护成本。一般情况下，运行维护成本远远高于系统建设成本。它是影响系统能否持续运行的关键因素。

2. 数字教学资源管理的模式

我们应该加大管理教学资源库的力度，避免教学资源流失、损毁等情况的发生，以更好地满足学习者的需求。教学资源具有的相关属性包括资源名称、编号、学科、专业、适用对象、关键字、存放位置等，为了更加方便地使用教学资源，我们应该建立相应的教学资源管理系统，将各属性分别记录在系统数据库中，在使用时可自动生成树形目录索引。教育资源库不断发展，截至目前，它已经成为具有多种建设模式和服务目标的资源库。②

（1）文件目录管理。文件目录管理是所有资源管理方式中最简单、最原始的方式。服务器上有不同的目录，将不同的资源储存在不同的目

① 徐来．“互联网 +”背景下高职院校教学管理改革探析 [J]. 中国新通信，2023，25（6）：170-172.

② 刘晓林．高校数字教学资源共享模式研究 [D]. 徐州：徐州师范大学，2011.

录中,借助计算机操作系统对目录进行共享,对教学资源进行管理和操作。文件目录管理储存模式的特点是:资源管理更加直观、简单,远程访问速度快,资源文件可以通过网络邻居 http 或 ftp 直接下载到本地网络。但是,使用这种方法,资源容易受到病毒的攻击,并且很容易被其他人盗用和破坏,安全隐患大。目前,许多自发组织的学校资源共享基本上都是以这种方式存储的。当累积到一定规模时,由于检索工具的缺乏,使得对资源进行使用和管理变得更加烦琐。

(2)专题资源网站。相比文件目录管理方式,专题资源网站的资源建设方式针对性更强。专题资源网站有两种类型:一是主题学习资源库;二是虚拟社区资源库。主题学习资源库与国外的研究学习网站(Web Quest)比较相似,它主要是提供各种探究活动、学习资源、讨论组,以及丰富的资源和空间,以便学生对某一主题进行研究性学习,比如学习空间知识、克隆等。虚拟社区存储库对资源进行了划分,每个讨论组中包含的内容不同。用户在获取资源的同时可将自己拥有的资源与别人共享。每个版块相对独立,有专门的负责人。负责人需要对版块中的发言进行定期的整理和归类,将零散、无序的内容变得有条理性和系统性,同时还可以将精华资源推荐给其他用户。

(3)学科资源网站。学科资源网站的建立基础是原始资源库。每个网站以主题的方式将与本学科有关的所有资源呈现出来,并且还将相关的检索方式提供给用户。把网站按照学科进行分类之后,对于学科教师积极性的调动具有促进作用,而且还能调动骨干教师参与资源库建设的积极性。如果有新的资源添加到原始资源库中,学科网站就会对其进行分类,将其归到所属学科网站中,并且将更新后的信息显示在学科网站的主页上。如此就可以在很短的时间内将网站的框架建立起来,为学科教育积累资源。在网站建成之后,学科教师既可以搜索门户网站上的资源,又可以更为精细地检索原始资源库中的资源,以此获得大量的原始资源,然后再以教学需求为依据重新组合这些资源。根据各学科的特点,再与该学科的科学研究相结合,这类网站资源充分体现了不同学科教与学的需求。网站内不仅含有题库、教案库、课件库、素材库,还含有多种具有学科特点的特色栏目和热点专题,比如语文的作品赏析、读写天地;地理的旅游专题;生活的垃圾分类、环保专题;历史的文化遗址、历史古迹等。

第三节　高职院校信息化教学模式创新

一、游戏化体验式学习

寓教于乐是游戏化体验式学习的主旨。

英国人怀特海清晰地阐明快乐对学习的重要性："没有兴趣就没有智力的发展，兴趣是注意和理解的先决条件。""激发生命有机体朝着适合自己的方向发展，最自然的方式就是快乐。"（怀特海：《教育的目的》）寓教于乐在当代和不远的未来最直接、最有效的方法就是游戏化体验式学习。

所以，未来的教育要做的是如何引导学生有效地玩适合的游戏。但是，如何引导呢？

在教与学的过程中，不仅需要具备现实意义的大型游戏，更需要游戏为学习者营造真实的学习环境。近年出现一种严肃游戏，这种游戏对知识体系的构建几乎与现实达到完全一致，通过玩游戏完全能够轻松学到严谨完善的知识和技能。

二、个性化混合式学习

现在，无论是教育工作者还是关心未来教育的家长和学生，都认为以技术为依托的学习革命正在发生。未来的学习，一定是以学生为中心，并且是个性化、自主的混合学习。

混合式学习（Blended Leaning）模式是线上线下结合的，学生不仅要到学校接受课堂面授教学，还能在家里通过电脑、在地铁里或其他任何地方通过移动设备学习。这种模式既有传统教学的现场氛围和亲近感，又能以不断出现的新技术整合和管理学习过程的关键节点，使教与学的过程都达到最理想的效果。

混合式学习所体现的核心特征：第一是个性化。个性化教学对学生首先要有效激励，使其产生兴趣；第二是定位准确，基于大数据的分析保证这一点；第三要目标可选；第四是路径有效。

当今学校所面临的深刻变革，是由学生对学习的差异化、个性化要求所促进的。首先，这种要求并不意味着淡化家庭的影响，相反更为尊重家庭的价值观，更为尊重人的自主选择和个体差异。其次，这种要求还将刺激学校既定的组织架构和规范制度的变革，接受更为丰富灵活的课程结构和教与学的组织形式。目前这些具有开拓意义的探索，将对学校教育的未来产生重要影响。未来主流的学习方式将是定制化、个性化、去标准化。学生自己制订课程和计划，教师的评价会具体化、细节化，并考虑每位学生的个性，不再给学生排名次。学习活动不再是特定阶段的历程，而是伴随终身的教育超市，因需而定，随时服务。

三、创客式学习形态

创客学习，或称“Maker Learning”，是一种以动手实践和创造为核心的教育方式，它鼓励学生通过设计、构建和制作来学习知识，解决问题，并发展创新思维和协作能力。这种学习方式与传统的以教师为中心的教学模式不同，它更强调学生的主动参与和个人兴趣的驱动。

（一）创客学习的起源与发展

创客学习，一种源自 20 世纪末的创新学习方式，其根源可以追溯到 DIY（Do It Yourself）文化和黑客文化。在那个时代，人们开始热衷于自我创造和探索，分享知识和技能，而黑客文化则强调开放、共享和自由探索的精神。随着科技的快速发展，数字制造工具如 3D 打印机、激光切割机等逐渐普及，使得创新和创造变得更加便捷，成本更低，这为创客学习的兴起提供了肥沃的土壤。进入 21 世纪，全球科技革命的浪潮推动了 STEM 教育的兴起。STEM 教育旨在培养学生的创新思维、问题解决能力和跨学科知识应用能力，以适应未来社会的需求。

创客学习以其实践性、创新性和跨学科性，与 STEM 教育的理念高度契合，因此开始被越来越多的教育者和学校所接纳和应用。它鼓励学生通过动手实践，探索科学、技术、工程和数学等领域的知识，激发他们的创新精神和批判性思维。例如，学生可以通过3D打印技术设计并制造出自己的创新产品，如微型机器人、环保模型等，这个过程中不仅锻炼了他们的技术应用能力，也让他们在实践中理解和应用STEM知识。同时，这种学习方式也强调团队合作和项目管理，有助于培养学生的社交技巧和团队协作能力。据一项由美国国家科学基金会进行的研究显示，采用创客学习模式的学校，其学生在STEM相关领域的兴趣和成绩都有显著提升。这进一步证明了创客学习在提升学生创新能力和适应未来工作环境方面的重要价值。

（二）创客学习的核心要素

1. 动手实践学习

这种教育方法强调“做中学”，让学生通过实际操作来理解和掌握知识。这不仅限于物理实验，也包括数字模拟，如在线编程课程或虚拟科学实验。例如，学生可以通过建造一座小型桥梁来学习物理力学，这种实践经验能让他们更深入地理解理论知识。

2. 创造与设计思维

鼓励学生设计和创造自己的项目，可以激发他们的创新思维和批判性思考。在艺术项目、科学实验或工程挑战中，学生可以自由地提出想法，试验并改进，从而培养出解决问题的创新方法。

3. 问题解决导向

教育不仅仅是传授知识，更重要的是培养解决问题的能力。通过解决实际问题，学生可以学习如何应用所学知识，如何在未知环境中寻找答案。例如，项目式学习可以让学生面对真实世界的复杂问题，如气候变化或社区发展，从而锻炼他们的实际操作能力。

4. 技术整合

现代技术工具，如编程语言、电子设备和机器人技术，已经成为教育的重要组成部分。这些工具不仅可以让学生接触到最新的科技发展，还可以帮助他们以更直观、更有趣的方式学习抽象概念。例如，通过编程，学生可以学习逻辑思维和问题解决，同时也能创造出自己的数字产品。

5. 协作学习

在21世纪的工作环境中，团队合作和有效沟通是必不可少的技能。通过团队项目，学生可以学习如何与他人共享想法，如何协调不同的观点，以及如何通过协商达成共识。这种协作学习经验有助于他们发展出强大的社交和情绪智能。

（三）创客学习的形态

在当今的教育环境中，创新和实践能力的培养正逐渐受到重视。为了激发学生的创新精神和动手能力，各种形式的“创客教育”正在全球范围内兴起。以下是五种有效推动创客教育的策略：

1. 设立工作坊和实验室

学校和社区中心可以设立专门的创客空间，配备3D打印机、电子元件、手工工具等设备，以及丰富的材料库。这些空间不仅为学生提供了实践的场所，也营造了一种鼓励探索和试错的氛围。

2. 课程整合

教师可以将编程、设计、工程等创客元素与数学、科学、艺术等学科相结合，设计跨学科的项目。例如，学生在学习物理知识的同时，可以设计和制作一个小型风力发电机，这样既巩固了理论知识，又锻炼了实践技能。

3. 项目式学习

学生可以围绕一个特定的主题或问题，如环保、健康、社区发展等，进行深度研究和创新实践。例如，他们可以设计一个可回收的塑料垃圾处理系统，通过这样的项目，他们不仅学习了解决问题的方法，还能培养团队合作和项目管理能力。

4. 竞赛和展览

学校可以定期举办创客节、创新大赛等活动，让学生有机会展示他们的项目和作品，同时也能从他人的创新中学习和启发。这样的活动不仅提升了学生的自信心，也有助于建立一个积极的创新社区。

5. 社区参与

学校可以与当地的企业、非营利组织、公共图书馆等合作，组织实地考察、工作坊、公众讲座等活动，让学生在真实的社会环境中应用和分享他们的创新成果。

总的来说，通过这些策略可以构建一个支持和鼓励创新思维和实践能力的教育环境，为培养未来的创新者和问题解决者奠定坚实的基础。

（四）创客学习的教育价值

创客学习教育方式不仅能够增强学生的学习动机，还能发展他们的跨学科能力，培养创新精神，提高技术素养，以及促进社交技能。

首先，增强学习动机是创客教育的核心目标之一。传统的教育模式往往以教师为中心，学生在其中的角色更多的是被动接受知识。然而，通过创客学习，学生被鼓励成为知识的创造者，他们可以设计项目，动手实践，从而对学习产生更浓厚的兴趣。这种主动学习的方式能够激发学生的内在动力，使他们更加投入和享受学习过程。

其次，发展跨学科能力是创客教育的另一大优势。在创客空间中，学生可能会接触到工程、艺术、数学、科学等多个领域，这有助于打破学科之间的界限，促进知识的综合运用。例如，一个学生可能需要运用数学原理设计一个机器人，同时还需要艺术知识来设计机器人的外观，这样的学习方式能够培养学生的创新思维和问题解决能力。此外，创客教育还注重培养学生的创新精神。在开放和探索的环境中，学生被鼓励尝试新的想法，不怕失败，敢于挑战现状。这种创新精神不仅对他们的学术发展有益，更能在未来的生活和工作中帮助他们应对未知的挑战，培养创业和创新能力。同时，通过使用 3D 打印、编程、机器人等现代工具和技术，学生可以提高他们的技术素养。这些技能不仅在学术上具有重要性，也是 21 世纪就业市场中高度需求的技能。学生在掌握这些技术的同时，也能更好地理解和适应科技带来的社会变革。

最后，创客学习也有助于提升学生的社交技能。在团队项目中，学生需要学习如何与他人合作，如何有效地沟通自己的想法，以及如何尊重和欣赏他人的观点。这些社交技能对于他们建立良好的人际关系，以及在未来职场中的成功都至关重要。

总的来说，创客教育提供了一个全面发展的平台，通过创造和实践，学生可以在多个方面得到锻炼和提升。这种教育模式的实施，无疑将为我们的社会培养出更多具有创新精神、跨学科能力、技术素养和优秀社交技能的未来领导者。

第七章

高职院校财务管理及创新研究

第一节 高职院校财务管理及现状分析

高职院校要学会在改革、稳定和发展的大环境中有尊严地生存；合力构建良好的经济秩序和财务管理平台；善于在各项事业、各类群体与财务的矛盾中自由地周旋；运筹帷幄，全力提供学校正常运行的资金保障；严密防范内在、外在、潜在的各种资金风险；竭诚为教学、科研、行政、后勤、学生等做好各项财务服务。

一、高职院校财务管理的内涵、原则及作用

（一）高职院校财务管理的内涵解析

财务管理是高职院校内部管理的重要组成部分，财务管理的优劣直接影响着学校各项事业的健康发展。随着社会主义市场经济的发展和高等院校独立法人地位的确立，高职院校管理体制发生了很大的变化，高等学校改变了过去由政府统一管理、经费由政府统一提供的局面，逐步建立起“政府宏观管理、学校面向社会自主办学”的全新教育体制。高等院校的财务活动呈现新的特点，即筹资渠道多元化，面对的经济活动多样化、复杂化。高等院校内的经济活动除围绕教学、科研工作开展外，还有企业、商业的独立核算经济成分。高等院校不管是实施内涵式发展战略还是外延式发展战略，都面临着人才竞争、设备竞争、待遇竞争的压力，经费矛盾更加突出。由于内、外部环境的变化，在财务管理上，明显提出了比原来更高的要求，这就需要高职院校根据国家的政策法规，结合自身的实际，创造性地开展高职院校财务制度建设，创建出系统、规范、适用、高效、创新的财务管理体制和机制，以绩效为导向，围绕绩效最大化的目标进行财务管理，为学校整体的发展提供良好的资金

保障和财务服务。

随着社会主义市场经济体制的建立和发展，我国教育体制的改革不断深入。由此出现了经济活动多样化和复杂化现象，客观现实要求高职院校必须加强财务管理，建立健全切实可行的各项财务管理制度，使财务管理工作发挥其应有的职能作用，将教育体制改革逐步推进。

(二)高职院校财务管理应遵循的原则

1. 依法进行管理

高职院校开展经济活动和财务工作必须遵守相关的法律法规，以针对高等学校颁布的《高等学校财务制度》等规章制度为准绳，依法进行管理。高职院校作为培养高、精、尖人才的摇篮，地位与作用特殊，这要求高职院校必须利用法律的武器保障自身的权利与利益，维护自身的名誉与公众形象。

2. 多方筹集资金

现在，高职院校可以争取到的财政拨款是有限的，不能覆盖高职院校的日常支出，因此，为了教育改革的顺利进行和教育事业的持续发展，高职院校需要开拓筹资渠道，多方筹集资金。

3. 提高工作绩效

高职院校管理制度作为一种规则，其最基本的功能是规范和约束高职院校活动，提高绩效原则是指在高职院校财务绩效管理中把办学效益的提升作为一个标准，保障高职院校各项活动的正常运转。

4. 理顺各方关系

高职院校的财务管理要根据自身的实际情况与优势，量力而行，科学合理地利用资金，把钱花在最该花的地方。高职院校的财务管理工作还应该立足长远，坚持可持续发展原则，切忌寅吃卯粮，提前消费，一切经济活动应围绕着实现高职院校目标、促进高职院校发展而开展。奠定坚实的基础，应保障日常的维持性支出，以确保各项工作的正常运转。对于教学、科研以及其他管理工作，必须考虑培养人才与自身经费支出是否相配比，即充分考虑社会效益与经济效益的关系。

5. 激发潜在活力

激发高等院校活力的核心就在于，制定一系列的激励机制，创造一个制度创新的新环境，调动高职院校内部各个系统的积极性与创造性，形成一个整体，将所有力量拧成一股绳，共同完成大学所应有的使命，促进高职院校全面协调和可持续发展。只有充分开发系统各部分的潜力，才能构建起发展战略与微观设计，才能实现高职院校的又好又快发展，才能完成高职院校的"人才培养、科学研究、服务社会"的作用与任务。

6. 注重协调统筹

高职院校是一个庞大的组织机构，有层次分明的"科层制"，某一学科、某一学院、某一部门都是这个有机整体不可缺少的组成部分，高职院校财务绩效管理的作用就在于合理配置各个组成部分之间的资源、调适组织结构而达成整体和谐运转。在统筹协调的基础上，要进一步统筹教育规模、质量、结构和效益的协调发展，统筹人文、社科、理、工、医各学科门类的协调发展，统筹精英教育与大众化教育的协调发展，统筹教学、科研、社会服务之间的协调发展。高职院校的快速发展离不开高职院校综合实力和核心竞争力的提升，必须对高职院校各方面的发展进行统筹协调、整合优化，对高职院校各方面工作进行通盘策划。还要发挥自身学科综合、互补优势，通过整合各种资源，积极推动人文社会科学和自然科学、工程技术的相互结合，大力推进学科交叉、融合和集成，努力在构建跨学科、跨领域的大平台方面形成新的竞争优势。

（三）高职院校财务管理的作用

随着高职院校教育事业的快速发展，财务管理变得越来越重要，也面临许多新问题，尤其在资金管理方面。如何依法多渠道筹集办学资金，如何提高资金使用效益，加强对资金的运作管理，以缓解资金不足对高职院校生存和发展的影响，这对于保证高职院校各项事业的可持续发展具有重要的现实意义。

高职院校的财务管理作为教育体系中不可或缺的一环，其重要性不言而喻。它不仅是院校日常运营的基石,更是推动教育创新与质量提升的引擎。

首先,财务管理的核心在于合理配置和使用教育资源。这涵盖了从教学设备的更新,科研项目的资助,到师资队伍的建设,乃至校园设施的维护等各个方面。每一笔资金的使用都应以优化教育环境、提升教学质量为目标,确保学生能在最佳的环境中学习和成长。

其次,高效的财务管理是实现院校经济效益最大化的关键。通过精确的预算编制和严谨的财务监控,可以避免资金的无谓流失,确保每一分钱都用在刀刃上。同时,通过科学的财务规划,可以拓宽资金来源,如吸引社会捐赠,争取政府资助等,为院校的持续发展注入源源不断的活力。

再者,财务管理也是培养学生财经素养的重要载体。通过开设财务管理课程,学生不仅可以学习到财务知识,理解资金的运作规律,还能培养他们的经济思维和理财能力,为他们未来在职场上的成功奠定基础。此外,公开透明的财务管理实践,也能教育学生尊重规则,培养他们的经济责任感和社会责任感。

最后,良好的财务管理是提升院校公信力的重要途径。定期公开的财务报告,不仅是对院校财务状况的公开透明,更是对所有利益相关者的尊重和负责。这有助于建立院校的良好形象,增强学生、家长、教职工以及社会公众对院校的信任和支持,从而吸引更多的资源和机会。

综上所述,高职院校的财务管理是院校运营的"生命线",它在保障教育活动、提升经济效益、培养财经素养和增强公信力等方面都发挥着至关重要的作用。因此,我们必须深入理解和重视财务管理,通过持续的改革和创新,推动高职院校的健康、稳定和可持续发展。

二、高职院校财务管理发展现状

目前,我国大多数大学的财务管理水平都比较高,财务管理也比较规范,但有些高职院校在财务管理上还存在一些不足,还有很大的改进空间。这里拟从分析面临的新问题入手,探讨高职院校财务管理的现状。

（一）管理机制的问题

1. 投资决策机制不健全

基本建设项目缺乏严格论证，在学校建设资金严重短缺的情况下，先建什么，后建什么，建成什么标准，缺乏细致的调研和民主监督意识。长期以来分割型思维方式替代系统管理，领导指示替代计划管理。项目前面建了后面改，许多项目在建成后并没有发挥应有的作用，造成了资金的严重浪费。

2. 基建财务预算管理缺位

高职院校基本建设只有项目预算没有年度资金预算，学校上报的基本建设投资计划与学校年度实际支付能力根本不挂钩。一年之中学校准备拿出多少建设资金、办成哪些事谁也说不清。建设项目支出与学校经费支出没有在一个层面上权衡的机会，财务部门也就无法统筹考虑全年的资金预算。尤其从 2004 年开始，国家对于基建投资加强调控，很多高职院校建设资金的来源成了未知数。在这种情况下，无序管理的建设资金开始挤占教育经费，使得正常的教育经费年度预算执行率降低，许多列入预算的教学设备无法购买，必要的教学投入得不到保证，经费预算成了一纸空文。基建财务预算管理的缺位还使得在基建会计核算环节里，制度的技术规范功能无法发挥，因而留下了人为的操作空间。在建工程的财务支付能力无法预计和约束，该不该付款，该付哪些工程款，基建会计全然不知，大额资金的支付没有履行集体决策的程序，长官意志超额付款时有发生；有些权力部门为牟取个人利益，明明有钱，也人为拖欠工程款，高职院校基建领域成了职务犯罪的"重灾区"。①

3. 无计划筹资

高职院校的基建资金大部分依赖贷款，借入资金总是要还本付息的，一旦单位无力偿付到期债务，便会陷入财务困境。高职院校属于非营利单位，还贷资金从何而来？没有过多的考虑过，任凭管理者的感觉盲目决策，往往是没有钱就借。筹资活动也变成了财务处一项孤立的活

---

① 赵国萌．高职院校财务管理工作创新路径分析 [J].2018（4）：67-70.

动，它与任何建设项目不挂钩。为哪些项目筹资，筹集多少资金，筹集什么类型的资金，什么时候筹集，需要承担怎样的筹资成本和风险以及对学校负债结构的影响等都没有进行严格的论证。

（二）会计核算的问题

1. 基建工程预算粗糙，为工程决算埋下隐患

有些基建工程没有编制明细的工程预算，“边设计，边勘探，边施工”的三边工程和概算超计划、预算超概算、决算超预算的“三超”项目多。给会计日常核算和工程决算带来很大的麻烦和隐患。经常是超支的资金迟迟不能落实，工程又要赶工期，只能“拆东墙补西墙”地赤字运转，另外，基建项目前期工作做得不细，以频繁增减工程量或变更工程设计来追加工程量，中标金额与决算金额相距甚远，招投标流于形式。

2. 待摊费用亟待核销，基建支出混乱

由于基建开支没有资金计划也无预算控制，待摊费用就像个大箩筐，有些在教育经费无力安排的零星修缮工程及似是而非的零修费用打入了建设成本，使得工程成本更加不实。

3. 工程价款的结算管理混乱

一是付工程款和甲方供料的结算有的进预付工程款科目，有的进其他应收款科目，重复挂账造成付款风险。二是入账票据不合规。有的决算项目以工程决算单替代税务发票，预付工程款和结算甲方供料时有的用收据，有的用税务发票。给一些施工单位偷逃税款提供了可乘之机，也为个别心怀不轨的工程管理者弄虚作假、谋取私利提供了便利。

4. 借款利息的资本化问题

基建借款利息是高职院校借入基建借款而付出的代价。如何科学合理地核算建设项目的利息支出，现行的高等学校财务制度和高等学校会计制度均未明确进行规范，从而使高职院校在理论上没有相关政策指导，实践操作上也没有相应规范，账务处理存在很多不足。例如，有的高职院校，基本建设的一期工程已经结束，几千万的利息费用却在几个

扫尾在建工程中摊销，使得借款费用比建设成本还高；还有的高职院校建设工程项目多，借款期限和种类也多，却不考虑借款利息资本化的期间、资本化期间购建固定资产累计支出数及资本化率的计算，将当期所有借款利息完全予以资本化。这样做，混淆了成本与费用的界限，违背了会计信息质量可比性、真实性的原则。

（三）现行制度问题

现行制度滞后于形势的发展，使得基建会计的账务处理、借款形成交付资产的属性和时间都具有不确定因素。

1. 会计主体的不确定

高职院校教育事业会计和基建会计曾经分别独立核算，使其中的任何一套账务都不能全面、完整、准确地反映高职院校的财务状况和收入支出情况。从学校决策层方面来看，学校领导只盯着教育事业经费预算执行情况，忽视了对基建财务大额资金的管理和潜在风险，无法准确及时掌握全校的财务状况；从政府管理机关方面来看，教育经费的投入、基建经费的投入和报表汇总分属于不同的管理渠道，因而无法全面正确评价高职院校资金的使用绩效；从学校投资者和债权人角度来看，他们掌握的财务信息往往是经过粉饰的财务报表，无法客观掌握高职院校的财务状况。

2. 借款形成资产属性的不确定

现有不少高职院校将基建借款全部纳入基建财务账，利息也由基建财务全额承担，学校教育经费每年收支相抵剩余的经费结转自筹基建，基建财务根据账面自筹经费拨入的累计金额确定年交付资产数额，同时增加学校固定资产和固定基金。从表面看，交付资产增加了学校的固定资产，但是基建账面却背负着所有的债务。在学校每年结转自筹基建的资金连支付全年的借款利息都不够的情况下，完工交付资产的属性是否还算作学校的权益。另外，学校教育事业经费接受基建交付资产的能力有限，很多高职院校工程完工投入使用多年，因种种原因无法办理资产交付手续，只能在基建长期挂账，使高职院校账面资产严重失实。

三、高职院校财务工作应注意的问题

在高职院校的日常运营中,财务工作扮演着至关重要的角色。然而,由于各种因素的影响,财务工作的开展可能会面临一些挑战和问题。以下几点是财务工作人员需要特别注意的,以确保财务工作的公正、公平和透明。

(一)避免以个人喜好评价财务工作

财务工作,如同一座稳固的桥梁,连接着企业的经济活动与决策者的判断,是一项不容半点马虎的科学。它的基石是客观的财务数据,其框架是规范的会计准则,这两者共同构成了评价财务工作优劣的公正标尺。这把标尺,不应受到个人喜好或主观判断的侵蚀,因为财务决策的公正性和准确性,直接影响到企业的健康运行和长远发展。

财务人员作为这门科学的实践者,他们的角色至关重要。他们需要坚守专业道德,以事实为硬道理,以数据为依据,公正无私地处理每一笔收支。每一笔数字背后,都可能隐藏着影响企业命运的细节,因此,财务人员必须保持冷静的头脑和公正的态度,避免个人情感因素对决策产生任何偏颇的影响。正如会计学家约瑟夫·马里亚所说:“会计是商业的语言,它必须是无色的,无味的,无嗅的,就像科学一样。”

学校管理层作为财务工作的监管者,也有责任建立科学的财务评价体系。这一体系应以透明度和公正性为原则,确保财务数据的准确性和完整性,防止任何形式的财务欺诈或误导。通过定期的审计、内部控制系统和财务报告,管理层可以全面、客观地评估财务工作的表现,从而提升决策的科学性和有效性。例如,哈佛大学就有一套完善的财务管理体系,它不仅要求财务人员严格遵守会计准则,还通过独立的审计机构进行年度财务审计,以确保财务信息的公正公开。这样的做法不仅增强了公众对学校的信任,也提升了学校内部的财务管理效率。

(二)避免财务服务对象的片面性

高职院校的财务服务在教育体系中扮演着至关重要的角色,其服务对象涵盖了教职员工、学生、家长以及与之合作的企业等多个层面的群体。这些多元化的利益相关者对财务服务的需求各不相同,因此,财务管理工作必须具备全局观和平衡能力,以确保所有群体的权益得到充分考虑和合理满足。

首先,教职员工是学校运营的基础,他们的教学和科研活动需要稳定的资金支持。财务部门需要确保薪酬的及时发放,提供充足的科研经费,以及为教师的进修和学术交流提供资金保障。同时,也要关注经济效益的提升,以实现资源的高效利用。

其次,学生是学校服务的主体,他们的学习和生活需求同样重要。财务工作应确保学费的合理收取和使用,为学生提供良好的学习环境和设施,同时也要关注贫困学生的资助问题,确保教育公平的实现。

再者,家长作为学生的监护人,他们对学校财务的透明度和资金使用的合理性有高度关注。财务信息的公开和透明,以及对家长疑问的及时解答,是建立家长信任,增强学校公信力的重要途径。

最后,合作企业是学校发展的重要伙伴,他们的投资和合作项目需要得到财务的有力支持。财务部门需要提供准确的财务分析,帮助企业评估合作风险,以促进校企合作的顺利进行。

因此,高职院校的财务工作不能孤立地看待某一特定群体的需求,而应以全面、平衡的视角,制定出兼顾各方利益的财务策略和决策,以实现学校的长期稳定发展和全面进步。这既是对财务工作专业性的体现,也是对学校社会责任的承担。

(三)避免财务服务对象的认知偏差

在许多机构中,财务部门往往被视为一个充满专业术语和复杂计算的神秘领域。对于非财务背景的教职员工和学生来说,这种专业知识的隔阂可能会导致他们对财务工作产生误解,甚至形成错误的认知偏差。他们可能无法完全理解预算制定的逻辑,或者对财务决策的深远影响感到困惑。这种情况不仅会影响他们的日常工作和学习,还可能导致不必要的沟通障碍和决策失误,进一步影响到整个机构的运营效率和财务健康。因此,财务部门有责任和义务采取措施,打破这种知识的壁垒,提高服务对象的财务素养。

首先,定期的财务知识培训是至关重要的。这些培训可以以研讨会、工作坊或在线课程的形式进行,内容应涵盖基础的财务概念、预算管理、财务报告解读等,以帮助非财务人员建立对财务工作的基本理解。同时,培训应以通俗易懂的语言进行,避免过多的专业术语,使参与者能够轻松理解和应用。

其次,公开透明的财务报告也是提高财务素养的有效途径。财务部门应定期发布易于理解的财务报告,详细解释收入、支出、投资和盈余等情况,让非财务人员能够了解机构的财务状况和决策依据。此外,鼓励员工提问和参与讨论,可以增强他们对财务信息的掌握,提高他们的决策能力。

此外,还可以引入案例研究,通过具体的实例来解释抽象的财务概念。例如,分析一个项目如何超出预算,或者解释为什么在某个领域投资会带来长期的财务收益。这种方式可以将理论知识与实际情境相结合,使非财务人员更好地理解和应用财务知识。

(四)避免财务服务对象对财务工作产生误解

财务工作,一项在商业领域中至关重要的职能,往往被误解为仅仅是烦琐的“记账”任务,而忽视了其在企业运营中的深层影响和战略价值。这种误解可能源于财务工作的复杂性和专业性,它涉及的不仅仅是数字的记录和分析,更包括了对经济环境的洞察,对业务运营的深入理解,以及对风险的精准评估和有效管理。

首先,财务工作在资源优化配置中扮演着关键角色。通过对企业的财务状况进行深入分析,财务专家能够识别出资源的浪费和低效使用,提出改进策略,以实现资源的最大化利用。例如,通过财务报表,他们可以发现某个部门的开支过高,或者某个项目的回报率低于预期,从而提出调整预算分配或优化业务流程的建议。

其次,财务工作在风险控制方面的作用不容忽视。他们通过建立和维护一套有效的风险管理体系,可以提前预警潜在的财务风险,如市场波动、信贷风险、操作风险等,帮助企业制定应对策略,降低损失的可能性。例如,财务部门可能会通过设定风险敞口限制,或者进行金融衍生品的对冲操作,来管理投资组合的风险。

然而,这些重要性往往被服务对象,可能是公司的其他部门、股东,甚至高层管理者所忽视。因此,财务部门需要采取积极的沟通策略,以提高各方对财务工作的理解和认同。例如,定期召开财务公开会议,让服务对象了解财务工作的具体内容和成果,理解财务数据背后所反映的业务状况和风险状况。同时,利用在线问答、内部培训等方式,解答服务对象的疑问,提供财务知识的教育,帮助他们建立起对财务工作的全面认识。

总之,高职院校的财务工作需要在遵循专业原则的同时充分考虑服务对象的需求和理解,以实现财务工作的有效性和满意度。只有这样,财务工作才能真正成为推动学校健康发展的重要力量。

第二节　高职院校财务管理的主要内容

一、高职院校的预算管理

所谓高职院校的预算,指的是高职院校定期编制的年度财务收支计划,这份收支计划建立在高职院校年度事业发展规划和具体工作计划的基础上,反映的是年度内高职院校资金来源及使用的方向,包括对年度内资金收支规模的预算等。高职院校财务预算包括收入预算、支出预算这两部分,它在整个高职院校财务管理机制中占据着极其重要的位置。高职院校资金等各种资源都是有限的,而财务预算管理不仅能合理配置这些资源,让有限资源发挥出最大的作用,还能改进资金分配流程,使其更加科学合理。在高职院校整个管理工作中,财务管理工作发挥着独一无二的作用。

高职院校相关人员在进行财务管理的时候,除了要对高职院校资金进行具体的核算、严格的监督和考核外,还要通过各种渠道为高职院校筹集资金,并将筹集来的资金进行合理配置。值得注意的是,高职院校做好财务管理工作,对其教学科研内涵及外延建设、发展都能起到积极作用。

(一)高职院校预算管理的分类

根据不同的标准,高职院校预算可以划分为不同的种类。

1. 根据管理级次划分

高职院校预算按管理级次划分,包括校级预算和二级单位预算。校级预算是学校层面的预算,由学校财务部门汇总各二级单位预算后综合编制而成的;二级单位预算是高职院校预算的基础,它是由各部处、各学院等二级单位自行编制而成的。

2. 根据使用者划分

高职院校预算按使用者划分,包括部门预算和校内预算。为了与政府部门预算编制一致和便于学校内部分级管理,高职院校需要编制两类金额一样但用途不一样的预算。一类是上报财政部门的“部门预算”,侧重于财政拨款收入细化预算,使用者是政府部门;另一类是校内预算,即财务收支计划,是高职院校根据下达的部门预算而编制的,侧重于高职院校内部支出分配细化预算,校内预算使用者是高校领导和校内各部门。

单位预算是指列入政府部门预算的国家机关、社会团体和其他单位的收支预算。政府部门预算则是指预算编制以政府的各个部门为单位,一个部门的各项财政资金均统一反映在该部门的年度预算之中,以增强预算的规范性、科学性、合理性。高职院校财政补助拨款收入属于财政教育支出的一部分,因此高职院校预算是政府教育主管部门预算的组成部分,属于部门预算中的单位预算。

内部分级预算,是根据高职院校内部发展规划和年度工作计划,按政府财政部门预算批复的单位预算年度收支总额编制的,适用于高职院校内部分级管理的收支计划。

部门预算和高职院校内部分级预算收支总额应该保持一致,财政拨款类项目明细预算保持不变,公用经费支出明细预算可能会有所变化,主要体现在内部分级预算因实行分级管理的需要,更加细化和具体。

(二)高职院校预算管理的目标

随着预算管理理论的不断发展,预算管理的实践也得到进一步的深化和完善,当前高职院校预算管理的目标主要有以下几方面。

1. 预算编制控制目标

确保预算编制过程中，学校内部充分沟通协调，流程设置合理，公开透明。确保预算编制与学校年度工作计划和事业发展战略规划的匹配性和一致性，保证学校年度预算编制科学、准确、合规、合理、及时，统筹兼顾，保障重点，妥善安排各项资金需求，力争收支平衡。

2. 预算审批控制目标

确保预算审批流程设置科学，各个环节的审批要求和时限明确。校内各个审批主体职责明确，分工合理，认真负责。经批复后的预算指标分解细化，下达及时，不得影响各二级单位的预算执行。

3. 预算执行控制目标

预算执行主体明确，责任清晰，资金使用审批权限明确。确保预算严格按照批复的要求执行，杜绝无预算或超预算执行。预算执行严格按照规定的审批流程进行，严禁违规使用资金。加快预算执行进度，力争达到预期的预算目标。

4. 预算调整控制目标

严格审核预算调整事项的必要性和可行性，没有特殊情况不得随意提出预算调整。严格预算调整程序，保证调整程序合法合规，严禁未经批准擅自调整预算。明确预算调整审批权限，确保审批符合规定。

5. 决算控制目标

资金决算管理是高职院校账务管理的主要组成部分，是高职院校依据原始的生产经营数据与长期战略规划的具体需要，综合企业运营现状，对高职院校资金使用情况进行合理考核、实时监控和事前预估。其不仅是对高职院校其他预算项目的整理和汇总，而且是作为统筹规划和平衡高职院校资金收支的管理活动，实时反映高职院校在生产经营过程当中的资金现状，确保高职院校实现对年度决算报告编制的真实、完整、及时、准确，能够真实反映学校的财务状况和收支情况。

（三）高校预算管理的基本原则

对于公立高校而言，国家拨款是其主要的经费来源，包括中央财政拨款和地方财政拨款。国家对高校实行核定收支、定额或定向补助、超支不补、结转和结余按规定使用的预算管理办法。对于这种预算管理办法，国家一方面通过设定生均拨款标准、核定在校学生人数向学校提供基本拨款，另一方面通过设置各类专项资金向高校提供定向拨款。对于高校超支部分国家不再补充，结转和结余资金按照国家相关规定使用。

因此，高校预算编制应当遵循“量入为出、收支平衡”的原则，不得编制赤字预算。收入预算应当积极稳妥，高校凡是应当纳入预算的各项收入都要纳入预算；支出预算编制应当统筹兼顾各类资金，重点保证人员支出和运行支出，资金投向尽可能向教学和科研倾斜，另外还要坚持勤俭节约的原则，大力压缩“三公”经费和一般性公务支出。

（四）当前高职院校预算管理存在的问题及其原因分析

在现阶段，国内一些高职院校对预算管理能够发挥的作用认识得不够清晰，高职院校内部的预算运行机制陈旧落后，预算财务质量低下，这些问题严重阻碍了高职院校的健康发展及教学目标的实现。综合而论，我国高职院校在财务预算管理方面存在的问题主要体现在以下两个方面。

1. 预算编制不严谨，缺乏全局调控机制

国内部分高职院校在进行预算编制的时候，总会出现一些问题，总结如下。

（1）预算编制中的资金来源模糊，信息涵盖不完整。国内部分高职院校筹措资金的方式常见的有去银行贷款、借助咨询服务等。另外，绝大部分高职院校都由政府财政部门专门拨款进行扶持。在进行预算编制时，一般工作人员只会考虑到政府财政拨款的资金来源数额，使预算编制中的部分资料填写不完整，这也会对后续工作产生一些负面影响。

（2）高职院校预算编制的数据与实际相比存在一定的误差。有的工作人员在进行预算编制的时候会直接照搬往年的预算数据，却不考虑现实情况，其实，年度项目在具体实施的过程中一定会发生变化，而往

年的数据是很难体现出这种变化的。

（3）高职院校财务预算的追加程序不够严谨。国内很多高职院校在进行预算编制的时候，若想要追加某个项目的预算，只需预算申报人填好单据，向上级申请，然后由领导批复即可，这样的程序是不够严谨的，过于简单就会埋下后患。

（4）部分高职院校在进行财务预算管理的时候，控制力度不达标。高职院校有关部门在编制预算报表时对预算数据的核查不过关，而且在判断应该开展哪些项目时带着浓厚的主观色彩，却不去进行相应的考察工作。这导致预算审批后，有限的资金无法平衡分配于各个项目，经常性地"厚此薄彼"，而对于这种现象，高职院校并没有充分认识到其危害，也就没有第一时间加以控制和整改，这使得预算的效果越来越不理想。

（5）部分高职院校的财务报销程序较为混乱。高职院校在财务预算编制的过程中，主要会对金额大小、时间节点、项目完成程度、预期效果等进行预估。然而，有些高职院校在进行财务报销的时候，为了图方便，会将一整年的预算费用集中在一起报销，这种混乱的报销程序只会拖累整个预算管理的效果。

2. 预算执行不严格，缺乏强制约束机制

国内部分高职院校在进行预算执行的时候，总会出现一些问题，总结如下。

首先，高职院校财务预算的执行结果差强人意。部分高职院校因为在预算编制的过程中总会出现各种各样的问题，信息、数据与现实相差甚远，这让预算执行的结果也会产生特别大的偏差。比如，有的项目申报人预估的项目金额严重不足，这导致项目行进中频频出现资金紧张的问题，项目进度也一再被延迟；有的项目申报人则相反，申报的项目金额远远超出实际需要，这样一来，项目结束后，总有大量资金剩余。如果预算编制人员继续凭着主观意识去填报预算信息，而不去积极了解学校的整体发展规划，包括年度项目的发展目标，上述这些现象只会变得越来越严重，预算执行的效果也会越来越差。

其次，在具体执行的过程中，高职院校相关财务预算人员没有进行严格的把控。相关人员在预算编制完成后，会将整理好的指标、数据下达各个部门，再由不同的岗位人员负责不同的领域去具体实施。然而，在实施过程中，执行的力度往往是不够的。

高职院校在“重心下移，责权下放”的财务管理体制下，“重编制，轻执行，无考评，缺奖惩”的现象较为突出。无论是高职院校省级部门预算还是校级综合财务预算，相关主管部门如省财政厅、教育厅（对省级部门预算）和学校财务部门（对校级预算）只按批准的年度预算分期分批下达经费额度，按“经费是否有余额，报销票据是否合法，报销手续是否完备”等的规定审核报销每笔经费支付（即以简单的经费超支来控制预算执行），至于该项经费支付是否真实、是否合理、是否有效益，都是由各责任部门（业务经办部门）说了算。现在大家普遍认为既然钱已到账，就是自己的，如何用、什么时候用、用在什么地方则由责任部门自己决定。这些费用在学科建设上是否必要没有任何部门评价。比如某一预算项目经费用完了，责任部门（主要是校级预算）就可以写申请，要么调整预算，要么追加预算，至于原来安排的预算经费执行合不合理、科不科学、有不有效，则无人问津。这使得高职院校处在了“向上管要钱，向下任花钱”的窘迫境地，无法严格执行预算，加上预算安排不科学、不切实际，导致预算执行缺乏强硬约束机制，预算执行效果并不理想。

（五）高职院校预算业务控制的具体措施

凡事预则立，不预则废。省级部门预算或校内综合财务预算对于国内高职院校来说意义重大，它可能预示着高职院校那一时间段的工作核心及规划重点，也可能预示着高职院校的最终发展方向。预算编制报表里有着一串串数字，这些数字彰显了一切，它决定哪些项目比较重大，需要投入更多资金，并立即执行；哪些项目没那么重要，可以投入较少资金并适当延后。高职院校想要提高财务管理水平，首先要强化预算管理，严格控制支出。

1. 完善高职院校预算控制的组织机构

高职院校的预算控制是一个复杂的系统工程，它需要有分工合理和职责明确的组织机构设置，涉及预算编制机构、咨询机构、决策机构、执行机构、绩效评价机构、监督机构。高职院校应当根据国家预算法规和上级有关政策要求，结合学校实际情况，制定和完善预算管理制度，应当包括预算编制、预算审批、预算执行、预算调整、决算、绩效评价等内容，确保整个预算管理流程都依法依规进行。[①] 高职院校应当制定一套规范合理和顺畅的预算业务控制运行机制，并严格按照规定的流程和权限执行。

财务预算管理起着引领高职院校发展方向的作用。通过将高职院校的资金流与实物流、信息流相整合优化高职院校的资源配置，提高资金的使用效率。但是高职院校全面预算能否真正发挥作用，影响因素很多，其中十分关键的一点，是高职院校领导层和管理层的思想认识、重视程度和带头作用。

高职院校领导层和管理层必须充分认识到高职院校全面预算对高职院校教学科研管理的关键作用，校长、书记、财务总监负总责的精干领导班子，制定实施计划，明确目标，落实责任，加强监督，确保认识到位、组织到位、人员到位、工作到位，让高职院校全体教职员工从根本上认识和接受高职院校强化全面预算是保证教学科研活动正常进行的关键，是高职院校提高资金使用效益的支柱。

第一，加强预算部门的责任意识，细化编制工作。预算编制工作是一项大工程，马虎不得，每个部门乃至每个岗位人员都要做好自己分内的工作，努力尽好部门职责、岗位职责，这样才能保证整个预算编制机制顺畅运转并顺利完成。为了充分调动报表人员的工作积极性，可以将编制工作进行细化，落实到个人，让每个人都明白自己的职责范围。

第二，改变预算编制方法，提高效率。部分高职院校在进行预算编制时，缺乏从全局出发的意识，只是简单参考往年预算执行数据，稍作变化去填写当年的预算计划，这种敷衍的做法只会导致预算编制结果与实际发展方向背道而驰。这种预算编制方法可能会导致大量资金、人力、物力的浪费，需要进行优化。激烈的市场竞争下，高职院校每年都会适度调整教学目标和发展规划，如果预算编制人员不及时跟进，不宏观考虑预算年度的业务具体事宜，就很难有针对性地做出科学的、契合实际的预估数额。预算编制报表如果偏离了预算年度的发展规划，提高资金使用效率、优化资金配置的目标也就成了一纸空谈。想要改进方法，提高效率，预算编制人员首先要及时跟进高职院校的整体战略布局。

---

① 杨汉荣．高校财务管理改革与创新研究[M]．北京：北京工业大学出版社，2021：72.

2. 把握好高职院校预算编制的依据和原则

高职院校预算编制环节是高职院校预算管理的起点，预算业务控制就是要保证年度预算编制依据合理、程序规范、要求明确、方法科学、内容完善、数据准确，保障学校收支平衡，妥善安排各项资金需求，确保学校年度工作计划和事业发展战略规划的实现。

以财政拨款为收入来源主体的高职院校应该严格执行国家预算法规、财政部相关预算编制的政策要求、上级教育主管部门的工作要求以及高职院校制定的预算管理办法，确保预算编制合法合规。高职院校千万不能忽视国家整体经济形势的变化，更要时刻关注政府财政增长的状况，唯有彻底掌握这些信息，才能做好高职院校财政的三年滚动预算和五年规划，而年度收入预算编制报表上的数据也就越发翔实、准确。每年的预算编制应以高职院校整体的事业发展规划及该年度的工作计划为基础，确定重点业务和项目，预算每项支出都要与具体的工作计划相对应，避免出入。预算编制过程中，具体的工作人员要牢记“量入为出、收支平衡”的八字方针，每一个环节都要注意统筹兼顾、保证重点、厉行节约，不得编制赤字预算。

3. 明确预算编制的各项要求

高职院校建立财务管理体制需要遵循“统一领导，分级管理”的原则，高职院校的财务预算编制工作包含了学校和下属院（系）两个层面，这两个层面应当上下结合、分级编制、逐级汇总，明确每个层面在预算编制中的职责分工，最后由财务部门综合平衡，编制出学校的预算方案。强调预算编制的时限要求，高职院校预算编制从启动到批准下达有严格的时限要求，各个环节必须严格按照规定的时间完成，不得随意拖延，否则将会影响预算的执行。

建立科学的预算编制方法：一是合理设置预算目标及指标，高职院校根据事业发展规划和年度工作计划设定预算将要达到的目标，借鉴财务管理目标来设置预算绩效考核指标，这是做好预算编制的前提；二是高职院校结合上一年度预算执行的评价结果，采用“基数 + 适度增长 + 绩效修正”的编制方式，科学合理地确定各单位、各项目的预算额度；三是要建立论证机制，对于基本建设、大型维修、大额物资采购等重大事项，应当组织相关部门和专家对项目的必要性、可行性、预算金额的合理性等内容进行科学论证。

4. 健全预算审批环节的控制措施

第一，健全预算审批机制。由于高职院校预算实行两级管理，涉及多个预算审批机构，包括二级学院的党政联席会、职能部处的处务会、财务处、教代会、学校预算委员会或财经领导小组、校长办公会、党委常委会等，这些机构分别履行各自的审批职责，从低到高，逐级审批，层层把关，形成了完整的高职院校预算审批机制。在此过程中发扬民主、充分讨论、集思广益，民主理财、全员参与，确保预算审批环节严谨可靠。

第二，明确预算审批权限。高职院校预算审批环节涉及校内多个部门和机构，每个机构在其中的权限是什么，应当承担怎样的审批责任，必须加以明确。比如，高职院校二级单位领导班子负责该部门预算的审批，财务处负责学校预算的初步审核，教代会负责预算听证，学校预算委员会或财经工作领导小组负责预算审议提出修改意见，校长办公会和党委常委会负责审定预算。通过明确各自的审批权限，就可以解决部门间权限重合或责任缺位问题，从而避免审批风险。

第三，规范预算审批程序。高职院校应当按照内部控制的要求，规范审批流程，明确审批流程中的先后顺序、审批时限要求等。具体包括，校内各二级单位提出预算需求，报到财务处进行初审和汇总编制，财务处提出学校预算草案，征求教代会意见后，提交学校预算委员会或财经领导小组负责预算审议，再次修改后提交校长办公会审议，最后由党委常委会审定通过后，下达预算到各二级单位执行。

5. 严格预算执行环节的控制措施

高职院校为了最终达到预期的预算目标，需要严格执行环节的控制并尽量加快执行的进度，确保预算按照批复的要求执行，确保资金使用合法合规。

预算方案批复后，由财务部门细化高职院校的预算并将预算批复下达到各下属院（系），各下属院（系）要严格按照批复执行，不得随意篡改与超支。严格预算执行环节的控制包括以下具体措施：一要明确责任，每个使用经费的单位就是责任主体，对预算执行负有直接责任；二是资金使用严格按照预算要求的项目和内容开支，不得随意变动开支内容，也不得擅自扩大开支范围，不得提高开支标准；三是预算执行不得超出批准的额度,不得超预算开支,更不能在无预算安排情况下就发生支出,事后再补报预算。

强化资金支付审核把关:一是高职院校应当健全预算资金支付审批办法,明确资金审批权限,规范审核程序;二是做好资金支付前准备工作,做好资金使用计划和论证,规范填写资金支用单据,及时提出支付申请;三要加强审核把关,二级单位负责人要认真审核本单位的资金支付,并对其真实性、相关性和合法性负责,财务人员也要加强审核,确保资金支付符合预算要求,手续完整齐备。

第一,预算执行的结果要接受监督。以往高职院校相关部门在预算执行完成后鲜少有将各部门执行进度、效果进行对比分析的情况,这其实是不可取的。正确的做法是,在预算执行后,相关部门应该就执行结果进行具体的分析讨论,并将其公布,这可以让不同部门的执行人员对各自的预算执行情况了然于胸。如此一来,执行过程中好的方面和不好的方面都显露出来,执行人员可以针对不好的、不合规的地方进行讨论,总结原因,规避错误,这能极大地提高执行效率。而各部门之间通过横向比较后,也能互相吸取经验教训,这样整个执行质量都能得到大幅度的提升。

第二,提高相关预算执行人员的专业水平。近些年来,高职院校资金改变了过去单一来源的情况,变得越来越丰富多元,而具体的财务管理工作也随之变得复杂庞大,这要求相关财务人员的素质也要相应提高,否则很难适应这种变化。为了提高预算执行人员的专业水平,包括对项目费用的预判能力、预算执行能力等,高职院校要定期开展技能及素质课程培训,并组织大家积极参与。

第三,严格控制各项费用支出,杜绝资金浪费现象。执行预算方案的时候,相关执行人员要谨慎对待各项支出,必要情况下,要做相应的调查,直到确认各项支出费用都符合标准,数据也都准确翔实后才算审核完毕,否则不予审批报销。而且,在执行过程中,要避免资金浪费,尽可能地节约开支,并保证项目运行顺畅,最终圆满完成。

加快预算执行进度,高职院校的预算资金往往有执行进度方面的要求,特别是国库资金的执行要求更加严格,一般要求在年内执行完毕。高职院校应当高度重视预算执行工作,加强组织领导,落实执行责任。制定预算执行计划,按月分解用款额度,及时支付款项。建立预算执行的奖惩机制,加强结转结余资金管理,制定盘活财政存量资金政策,加快预算执行进度,提高预算执行质量。

6. 强化预算调整环节的控制措施

为了确保高职院校预算的严肃性,学校预算下达后一般不予调整。但在预算执行过程中,由于特殊原因的存在,也会允许一定的预算调整的发生,这也是确保预算顺利进行的必要举措,但是要从严控制。因此,高职院校要明确预算调整发生的因素和条件,具体包括:校内机构调整或职能转变、国家政策发生变化、外部环境的影响制约、工作任务发生变动、市场价格或支出标准发生变化等客观因素导致确需调整预算的,方可提出预算调整的申请。

高职院校应当建立健全预算调整的流程,严格按照有关规定履行相应的预算调整审批程序。当确需进行预算调整时,预算执行单位首先要提出预算调整的书面申请,报学校财务部门审核,财务部门同意后,根据预算调整的内容或金额,有的上报分管校领导审批,有的需要上报校长办公会、党委常委会决定,有的项目调整还需报上级主管部门审批。

7. 重视决算环节的控制措施

高职院校决算环节的控制目标是保证年度决算报告编制及时准确,编制及审批程序明确有效,能够真实反映学校的财务状况和收支情况。

加强决算编制工作,一是高职院校应当建立健全决算管理制度,强化财务部门的决算编制责任以及相关部门的协助责任,明确各自的权限分工;明确决算编制的范围、内容和时限要求。二是确保决算编制准确完整,高职院校年终编制决算前,应当全面进行收入和支出核实、债权债务清理、对外投资核对、固定资产盘点、收入催缴及费用清算工作,这些工作应当明确专门的机构及人员负责,并在规定时限内完成,确保财务信息真实、全面、完整。三是财务部门认真编制决算草案,决算应当符合法律法规的要求,做到收支真实、数据准确、内容完整、报送及时,确保决算编报质量。

高职院校应当加强决算审批工作,明确审批流程。决算草案编制完成后,财务部门应当进行内部会审,然后报送学校财经领导小组、校长办公会、党委常委会逐级审批,最后报送教育主管部门和财政部门审批,经批复后的决算及时归档保存。

高职院校应当综合运用各种分析方法,对学校整体财务状况及校内各部门的财务收支进行横向与纵向比较，并对存在的问题提出改进建议，为来年预算安排及学校重大决策提供依据。

第一，建立健全高职院校财务预算管理制度。创建一套科学合理、符合实际需求的预算管理制度，制定好标准，才能加强高职院校财务预算管理的控制力度。高职院校财务预算管理制度的制定需要分三个环节来进行，即事前控制、事中控制和事后控制。如果事前控制、事中控制和事后控制做得好，那么无论问题发生在哪一阶段，都能及时、准确地将风险控制在隐患形成之前，把隐患消灭在事故萌芽状态。

第二，严格遵守费用报销审批程序。预算执行人员在报销相关费用之前，先要将报销审批的具体流程确认清楚，在具体报销的过程中严格遵守，避免出现违规行为。报销审批人员应该认真对待每一张审批报销单，细心核对每一项数据，每一个信息，更要仔细核对报销名目，如果与预算项目不对应，则说明这张报销单不符合报销标准。

第三，借助信息化财务软件提高效率。很多财务管理软件十分先进，相关部门工作人员可以引入这些信息化软件，帮助查看各种烦琐的数据，及时了解预算执行的进度、费用支出情况及具体的报销额。这些软件能迅速调取往年的财务数据，这大大节约了预算执行人员的时间和精力，也提升了他们的工作效率。

二、高职院校的资产管理

国家和政府将大量的资金以项目经费的方式拨款至高职院校，人们会明显地看到高职院校的办学环境、教学设备、师资队伍等方面有了较大的改善，高职院校的办学条件和面貌发生了很大的变化。同时，项目经费的使用与管理问题，也更为突出地进入了人们关注的视野中，成为关注的焦点。

（一）高职院校资产业务控制的目标

高职院校项目经费管理中存在较大问题的根源在于对项目经费缺乏专门的机构、专门的制度进行管理。建立专门的机构、制定专门的制度对其进行管理，是有效控制项目经费的重要措施。

1. 资产业务组织管理体系控制的目标

建立健全学校资产管理体系，明确部门职责，落实部门责任；建立和完善资产管理的各项规章制度，按制度管钱管物，使之有章可循；完善资产管理的业务流程，使之运行规范有序。

2. 应收账项业务控制的目标

制定科学合理的应收账款信用政策，保证资金的安全；规范过程控制，及时回收应收款项，降低资金流失风险；确保应收账项业务会计核算资料准确可靠、余额真实准确；规范应收账款处置行为。

3. 存货业务控制的目标

合理配置存货，提高存货的使用效果；确保账实相符，信息真实完整；规范存货购置、管理、领用行为，防止存货舞弊。

4. 固定资产业务控制的目标

合理配置资产，提高固定资产使用效果；规范固定资产购置程序，严格招投标管理；确保账实相符，信息真实完整；确保固定资产处置规范有序，避免资产流失。

5. 无形资产业务控制的目标

确保无形资产的取得、使用和处置管理符合法律法规；维护无形资产的价值，提高无形资产的使用效率，防止无形资产流失和被盗用；加强和规范无形资产管理，正确反映无形资产的价值。

（二）高职院校资产业务控制的具体措施

资产是高职院校教学科研的基本物质条件，是学校持续发展的物质保障。当前，资产管理在高职院校管理中起到越来越重要的作用，从简单的教学科研仪器设备等固定资产的管理，上升到全部资产的全生命周期管理。

1. 加强货币资金业务控制

实行货币资金的归口管理,未经授权的部门和人员不得办理货币资金业务或接触货币,出纳人员不得由临时人员担任。印鉴分别保管,财务专用章由专人保管,个人名章由本人或其授权人员保管,负责保管印章人员配备单独的保险柜等保管设备。

建立不相容岗位及相互分离的岗位制度。如:支付的审批与执行、货币资金的保管与盘点清查、货币资金的会计记录与审计监督等岗位要实行分离;如出纳人员不得担任稽核、会计档案保管和收入、支出、费用、债权、债务账目的登记工作。履行资金审批程序,按照资金额度大小实行审批,重大资金流出须经分管财务校领导、校长签字审批。

依据高职院校资产业务管理原则,高职院校银行账户的开立、变更、撤销,应由专人管理,并由专人定期核对。加强银行账户管理,设置专人管理银行账户。对已失效的银行账户及时销户,防止多头开户现象。加强货币资金及时盘点,及时核对银行账户资金、货币资金,防止违规转移或隐藏资金的现象。

2. 加强应收账项业务控制

为加强应收账项的管理,财务处应建立各类应收账项的备查账制度。各应收账项的归口管理部门积极配合财务处建立健全各类应收款项的备查账,协助财务处做好催收工作,维护学校利益。归口管理部门按照学校规定或合同约定的时间和标准按时、足额收回应收账项,并进行跟踪管理,定期做好催缴工作,及时向财务处反馈收缴信息。

财务处指定专人负责应收账项的清理,并采取“定期催报、限期归还、逾期扣款”的措施,严格控制应收账项的总额和占用时间,努力提高资金使用效率。财务处和归口管理部门应对应收账项进行跟踪管理,定期做好催缴工作,逾期三年以上,有确凿证据无法收回的应收账项,财务处编制清理报告,提出处置方案,按规定的权限和程序报教育主管部门和财政部门审批后予以核销。已核销的坏账,学校仍然保留追索权,应单独设置备查账。

3. 加强存货业务控制

高职院校实施资产业务控制需要合理编制存货采购计划与预算,

实验材料、低值易耗品供应实行计划管理，对应用于教学实验的实验材料及低值易耗品应由各科室根据需要上报品种与数量，由学校依据购置经费预算统一采购，从科研经费材料费项目开支。购置的用于教学的实验材料、低值易耗品由学校统一存放，记为存货，各科室根据需要领用，管理人员发放时做好记录并报给财务处，财务处设置各使用单位的“实验材料经费”项目，用于科研的实验材料、低值易耗品的购置经费。

存货一般由资产管理处组织采购，由使用部门根据需要申报计划，确认经费来源，资产管理处统一采购和供应。危险化学品采购由使用单位提出申购计划，经使用单位负责人签字加盖公章后，报资产管理处审批，保卫部门备案，公安管理部门办理准购证后统一组织购置。规范验收程序，确保账实相符，实验材料、低值易耗品入库必须认真组织验收。

4. 加强固定资产业务控制

完善固定资产配置申请制度，购建固定资产，要按学校的发展规模、专业设置、科研方向统筹规划，制订好建设计划，按照程序报批。固定资产采购有其严格的程序要求，单件或批量超过一定金额的还需要走政府采购的流程，进行招标采购。高职院校应当明确采购流程，并严格按照流程进行。防范资产购置不符合单位实际需要，造成资源浪费和损失。

首先，明确资产验收职责，规范验收程序。学校固定资产验收由资产归口管理部门根据合同、招投标文件及有关标准组织实施验收，资产使用单位、资产归口管理部门等应参与验收。其次，明确固定资产验收标准，认真编写验收报告，对验收中存在的异常情况及时处理。验收合格后，由资产管理处及时办理入库、编号、建卡、调配和投保等手续，财务处登记财务账，确保账实相符，防止资产购置损失。

5. 加强无形资产业务控制

高职院校无形资产业务控制是指对高职院校无形资产的评估、核算等财务管理和对无形资产的开发、保护、利用等经营管理。加强高职院校无形资产管理能够增加高职院校的潜在财富、推动高职院校科技发展、强化高职院校知名度、提高高职院校竞争力、增强高职院校综合实力、促进科技成果转化为生产力、提高经济效益、维护高职院校的合法权益等。高职院校自行开发或研制形成的无形资产应依法及时申请并办理注册登记手续，明晰产权关系，依法确定由此形成的无形资产权属。

无形资产预期不能为学校带来利益时，应作报废报损处理，财务处应按规定的程序将无形资产的账面值予以注销。无形资产处置应按照公开公正、依法合规原则进行，防止无形资产在处置环节流失。

6. 加强对外投资业务控制

高校产业管理处负责对外投资项目的选择，对外投资预算项目需符合国家产业政策、学校发展战略要求和社会需要，并对项目进行严格周密论证，组织专家或者相关中介机构对拟立项的对外投资项目进行分析论证；财务处必须对投资项目所需资金、预期现金流量、投资收益以及投资的安全性进行测算和分析。由资产管理处牵头组织专家进行风险性评估和合法性审查，提出鉴定意见，经资产管理委员会复核提出意见，报分管校领导审核后提交学校教代会讨论，经学校党委会审定、校长审签。

对外投资项目立项通过后，由财务处负责向教育主管部门及财政部门报批，根据批复的投资计划对实施的投资进行财务核算，及时、全面、准确地记录对外投资的价值变动和投资收益，保管投资权益证书文件，及时收取投资收益及不定期对账；校产业管理处负责办理投资手续，对投资项目进行跟踪管理，定期核对投资结果情况；负责所投资项目的跟踪管理，按投资协议及时足额收回投资资产，提前或延期收回的，应报经校党委会审议批准，并向教育主管部门及财政部门备案。

学校投资的校办产业无法继续经营，应对其进行注销或股权转让，并依法依规到教育主管部门、财政部门等办理相关注销、转让手续。同时，财务处应依据注销手续注销对外投资的账面值。

三、高职院校的成本管理

（一）高职院校成本控制

高职院校承担着人才培养、科学研究、社会服务和文化传承四大任务。虽然高职院校的资金来源主要依赖国家财政拨款和被服务者缴费，不以营利为目的，但这并不意味着高职院校不存在“投入与产出”的概念和过程。国家向高职院校拨款，当然希望高职院校能够培养出“德才兼备”的合格人才，希望能够产出可以推动社会进步的“科学技术”。

高职院校的二级学院（包括各部处）、研究院（所）、实验室都有收支活动，无论是使用纳税人的资金（财政拨款），还是使用被服务人的资金（消费者的缴费），各资金使用单位的最终“产出”至少都应该达到最初“期待”的要求。现今，越来越多的民间资本进入了高等教育领域，高职院校的经营模式日趋多元，高职院校管理与企业管理的界限逐渐模糊，事业单位企业化管理是当今社会的一股潮流。

由此可见，无论是企业还是高职院校，在市场经济的前提下都会发生经济活动，任何经济活动都应当权衡“实施成本”与“预期效益”，以适当的成本实现有效控制。高职院校同企业相比，对待“成本效益”的区别在于，企业需要进行成本与效益匹配财务核算，高职院校则不需要这方面的财务核算。虽然高职院校不需要成本效益财务核算，却依然需要用“成本效益”原则去指导职工的行为，用“成本效益”原则去评价职工的工作绩效。原本行政事业单位内部控制的客体就是单位的经济活动，必然需要考虑经济活动的特质，离开“成本效益”原则，内部控制制度的设计、实施和监督就失去了动力。“成本效益”原则是内部控制的灵魂，高职院校的内部控制同企业内部控制一样，不能没有“成本效益”这一原则。

一般而言，单位应该将错误或潜在风险可能造成的损失和浪费控制住或控制在可以接受的界限之内，然而，在实际工作当中，一些理想的内部控制往往会因成本过高而最终被迫放弃。例如，在高职院校里，理想的工程造价应该经过如下程序：首先由基建后勤部门的专职造价管理人员进行初审，然后再提交审计部门进行造价审计，最后才委托社会中介机构进行结算审计。完善的造价岗位配备和完整的审核流程，对于工程项目多的高职院校是非常必要的，但对于基建工程量小的职业学校，未必都会配备足够的工程造价人员，因为专设造价审核岗位支出往往会比工程费用审减数额更高。

（二）高职院校成本管理的建议措施

1. 更新成本观念

作为现代成本管理中的基本观念，成本观念在学校管理中同样重要，这就要求学校管理人员应对成本管理和控制进行重视。学校管理人员应该将成本意识引入学校的各个部门，帮助全校人员树立成本控制观念，形成“组织化成本意识”，从而降低学校的运营成本。要从战略布局的高度对此加以考虑，确立长远目标，应具备以下两种观念。

（1）成本效益观念。要将成本效益观念作为高职院校一切成本管理活动的出发点，构建“投入”与“产出”的统计模型，通过分析和对比，对成本的合理性和必要性进行确认，从而降低学校的不必要成本，达到创造更高价值和社会效益的目标。值得注意的是，降低不必要的成本与单纯的降低支出不同，前者更注重成本的利用效率。比如为了增加学校某一区块功能而进行额外投资，虽然增加了成本，但产生的效益更大，这样的成本增加是符合成本效益观念的，可以说是“为了省钱而花钱”。

（2）成本动因观念。在对各种成本动因的分析过程中寻找成本控制的新途径。要充分发挥人的主观能动性，为学校的每一个人树立成本管理意识，此外，学校职工的综合素质、工作态度和能力等，都对高职院校的成本效益起到关键性的影响，如教师的教学能力提升了，学校的教学效率和社会效益就更高，这种成本驱动因素的潜力是巨大的。

2. 引入作业成本法

作业成本法的核心思想是“产品消耗作业，作业消耗资源”。作业成本法具有两个方面的特点：第一，把作业作为成本核算的重点和核心，将成本核算深入作业层次；第二，对于产生的间接费用，其分配方式可以根据引起间接费用发生的多种成本动因，并对最终产品的成本进行追踪比较，使计算的结果与实际情况更加接近。高职院校作为教育生产部门，其生产的“产品”就是对高等人才的培养，在这一过程中按其价值链展开是由若干环节组成的，每一个环节又可以根据具体的成本管理需要和经济效益原则定义为一项或几项作业，每一个作业都要产生一定的成本。

3. 建立成本管理体系

成本管理基本规范是由一系列的成本管理行为标准组成的一个完整体系。例如,从法律规范角度包括与成本管理有关的法律和教育法规;从理论规范角度包括成本管理目标、成本管理原则、成本要素、成本核算基本前提、成本信息处理程序和方法等;从技术角度包括对成本核算实务处理提出的要求和准则、方法和程序以及成本管理职业道德规范等。

第三节 新时代高职院校财务管理的创新

一、高职院校财务管理模式的创新

现阶段,对于高职院校的财务管理,部分发达国家已经进入了战略管理阶段,而我国发展相对落后,很大一部分高职院校的财务管理模式还在沿用传统的形式,无论理论还是实践,和发达国家相比还有很大的差距。随着我国高等教育事业的不断发展以及市场经济环境的日趋复杂,高职院校必将实现从传统财务管理向财务战略管理的转变。高职院校在实施财务管理模式创新的过程中应注意以下几个问题。

(一)重视高职院校财务环境分析

在市场经济发展的大环境下,高职院校财务环境复杂多变,同时,每所高职院校的经营、管理情况各异,因而,每所高职院校对财务环境的适应能力也就不同。高职院校通过自身调整,快速地适应特定的财务环境要求,表明高职院校对财务环境具有较高程度的适应能力,也就具有明显的竞争优势,那么对于财务环境也就更具有竞争力。因此,每所高职院校需根据财务环境的需求调整自身,制定相应的策略。对高职院校财务造成影响的环境可分为内部环境和外部环境。内部环境即高职院校内部各组成要素,包括发展规划、组织结构、人力资源政策、内部审计、校园文化、信息化程度等。外部环境即影响高职院校财务的其他要素,包括政策法规、经济、社会文化、技术等。

另外,政府在高职院校财务管理中发挥着很大的作用。政府在经济活动中,不仅对经济起着宏观调控作用,而且对市场具有协调管理作用。尤其是我国市场经济正处于不断完善和发展的过程中,政府所发挥的调控作用更加明显,政府对于生产经营影响更大,对于高职院校来说更是如此。因此,在高等教育改革的大环境下,高职院校作为高等教育的主要竞争主体,其管理也会随教育大环境的变化而发生变化。在这个过程中,政府也需要采取一定的举措,对教育环境变化作出反应。政府进行调整所采取的举措主要有制定或修订经济政策、对高职院校经营活动进行支持和政策倾斜等。

综上所述,对影响高职院校财务发展的内外部环境进行分析可以使高职院校的财务环境获得良性健康发展。

(二)在高职院校总体战略下科学确定财务战略

财务战略管理始于战略目标的确立,它是一个以环境分析为重点的连续性过程。高职院校的财务战略是指在一定时期内,高职院校以其整体发展战略为基础,对影响高职院校长期发展的财务活动和财务关系作出战略性安排,并确保其执行的过程。同时,高职院校财务战略管理具有相对独立性,它既有战略管理的共性,又有财务管理的特性。可以说,只有在高职院校总体战略的指导下科学地进行财务战略管理,才能让高职院校财务战略更好地为高职院校发展保驾护航,实现高职院校总体战略目标。

(三)合理配置财务资源

在一定时期内,高职院校的财务资源都是有限的,在运用时必须进行合理的配置才能发挥良好的作用。对于财务资源配置,无论是有形财务资源,还是无形财务资源,都不能无限制地满足高职院校财务的需求。因此,财务资源必须进行优化配置,追求配置的效益和效率。这里提到的效益和效率,都是针对财务资源配置而言。其中,效益是指财务资源配置使用之后给高职院校带来的最大化的利润或价值。效率是指财务资源配置使用过程中,用最少的投入带来最大的收益,追求配置的投入与产出之间的比例为最优。从概念中我们可以看出,财务资源配置的效益主要强调结果的最优,而财务资源配置的效率则主要强调过程的最优。它反映了高职院校财务资源配置不可分割的两个方面。每所高职院校的经营状况会有区别,财务管理能力方面也会不同,因此,每所高职院校在财务资源配置的效益和效率上也会存在着不同。每所高职院校只有实现更好的财务资源配置效益和效率,才能具备更好的竞争优势,从而具备更强的财务资源配置竞争力。

(四)加强高职院校战略成本管理

为了实现和维持高职院校的竞争优势,高职院校领导必须审视高职院校内部资金流动过程,加强高职院校战略成本管理,形成一套不断改善和提升高职院校价值链中作业价值的战略成本管理方法。在高职院校战略成本管理中首先要丰富高职院校成本管理的内涵,以高职院校教学、科研等活动的作业链为中介,对费用的发生进行控制;其次,要明确高职院校战略成本管理的长远目标,高职院校战略成本管理是为了高职院校获得未来长期的竞争优势,而不是以短期成本的高低为判断标准的;最后,要突出高职院校战略成本管理的全面性,即不是站在高职院校某项管理的单一角度谈成本控制,而是在对高等教育整体和其他高职院校分析的基础上,以高职院校全局为对象的成本管理。

二、高职院校财务管理系统的创新

高职院校财务管理系统创新已经成为一所高职院校自主创新能力的重要体现,是一所学校核心竞争力的重要组成部分,与人才培养、科学研究、社会服务等创新能力构成了衡量现代高职院校创新能力的重要方面。

(一)管理层决策指挥系统创新

要做好高职院校财务管理工作,首先要厘清高职院校的财务领导体制问题。高职院校财务领导体制必须与高职院校领导体制一致，在统一的领导体制下，财务管理工作的具体管理办法和管理措施可以根据最优原则来选择。

1. 建立分级管理体制

在校长负责制下，高职院校的财务工作实行"统一领导、分级管理"的办法，二级学院在学校的统一领导下，可以自主管理的事项和权限包括以下几方面。

（1）制定具体实施办法。二级学院在学校统一领导前提下，可以根据本学院实际情况制定具体的实施办法和落实措施。

（2）统筹使用预算资金。在学校统一预算和资源配置的前提下，二级学院将学校分配的预算经费，包括学院的人员经费及教学科研等日常公用经费等，按照学院教学等各项计划的进展情况进行统筹安排和合理使用，提高资金的使用效益。

2. 管理和控制制度设计

制度设计是指高职院校为实现财务管理各系统及各环节的有效运转而制定的一整套规章制度体系。价值管理主要由财务部门管理系统来实现，行为控制管理涉及各个系统。对财务部门管理系统要建立价值管理制度及行为管理控制制度。此外，管理层应建立各系统之间的信息沟通与交流制度，如授权审批管理系统与财务部门管理系统之间的审批和审核信息沟通，内部审计监督控制系统与授权审批管理系统、财务部门管理系统之间的监督与被监督的信息沟通等制度。

俗话说"没有规矩不成方圆"，健全的规章制度是进行财务管理活动的前提，高职院校财务管理活动的各个环节都必须建立健全规章制度。

（二）授权审批管理系统创新

授权审批是高职院校财务管理的一个重要环节，直接影响高职院校财务管理的效果。要建立和运行高职院校授权审批管理制度，必须明白有关授权审批和审批管理制度的基本概念。

1. 建立分级审批管理制度

高职院校建立分级审批管理制度就是对审批人、审批事项的审批级次、审批限额、审批责任等构成要素进行符合高职院校实际情况的制度设定。[①] 将审批管理制度进行分类,有利于高职院校选择适合本校实际情况的审批制度类型,建立自己的审批管理制度。

2. 支出审核原则和注意事项

(1)支出审核的原则。财务部门应根据各类经费使用范围的特点,把“事和人”相结合加以考虑,把握支出报销的原则。

(2)支出审核的注意事项。财务部门及财务人员在具体报销审核操作中,要注意将“事和人”结合起来考虑。

系统设置控制是利用现代信息技术为财务管理服务的、人为因素最少、最有效的控制手段。高职院校支出的财务管理系统设置是通过财务软件进行的。在财务系统支出设置中,每一项经费的支出范围和支出内容都是通过在项目中设置科目代码进行自动控制的。系统设置控制与支出经费的来源密切相关,每项支出都要根据预算的支出内容和范围进行控制,而这一控制手段主要是通过对财务系统的设置来实现的。设置预算经费大类支出科目,可以控制支出的范围;设置预算经费明细科目,可以更加具体地控制支出结构和支出内容;设置预算经费金额,可以控制超预算的支出;对于没有设置科目的项目,支出系统会提示不能列支,从而实现对支出完全控制。

(三)内部审计监督控制系统创新

内部监督是指由高职院校内部进行的审计监督活动,包括管理层监督、内部审计监督和纪检监察监督等。与管理部门的监督相比,内部审计部门在整个高职院校审计监督活动中发挥着至关重要的作用。

1. 内部审计监督的工作目标与要求

《教育部直属高职院校经济活动内部控制指南(试行)》明确规定:高职院校财务活动内部审计监督是指教育、财政、审计、纪检监察及高

① 顾艳,莫翔雁.高校财务管理[M].延吉:延边大学出版社,2022:36.

职院校内部审计与监察部门,对高职院校内部控制建立和实施情况进行的监督。审计监督的工作目标是审查和评价组织内部控制的设计和运行的效率,围绕着内部控制的建立与实施来确定具体审查和评价的内容。

单位在健全内部控制时首先必须明确内部审计监督机构,这一机构一般来说是单位的内审部门,也可以委托纪检监察等有关部门或外部机构承担审计监督任务。其次要明确内审机构的职责权限,再次要规范相应的程序、内审方法以及要求等,防止内审监督形式化。根据《行政事业单位内部控制规范(试行)》的精神,内审机构的权力应该独立于内部控制制定和执行层,应直属内部控制规划决策层。

内部审计监督的方法多种多样,有一系列监督方法和工具可供使用,与内部控制评价方法大致相同。高职院校可以根据监督目标选择合适的监督方法,或者将几种方法结合运用,达到内部审计监督的目的。

内部审计监督的难点是评价,评价的难点是确定有效的评价标准。确定了检查和评价的标准后,就要把内部控制工作的实际结果与效果标准和作业标准加以比较,如果低于标准,就要加以纠正,或者调整标准。

2. 高职院校内部审计监督创新的措施

(1)建立高职院校内部监督体系。尽管学校校级党政领导都有明确的职责分工,责任重大,但是学校校级管理层是学校内部控制有效性的最终责任者。高等教育体制的改革使高职院校的办学自主权增大,国家对教育经费的投入也在不断增多,为此,学校校级管理层可以通过设立专门的机构来全面负责学校的内部监督工作,这也是内部监督体系能够发挥作用的基本保证。对学校内部控制进行设计、监督、评价,是十分可行的,也是十分必要的。

学校内部的工会、职代会、学代会、教授会、纪检、监察等机构应履行好监督职责。教授会作为学校学术权力机构,对学校内部也具有监督作用。纪检、监察部门是党委领导下的,对党组织、党员、干部廉政情况进行监督、检查的部门。

(2)校务公开,提高管理透明度。随着高等教育改革的不断深入,社会对高职院校的一些活动产生了强烈的监督意识,比如教育收费问题。各高职院校对这些需求也给予了回应,比如各学校进行了广泛的校务公开工作,以提高学校管理的透明度。校务公开作为监督学校管理的一项内容,也是学校内部控制的一个环节,借助校务公开,推进学校改革、建设、发展,推进学校的廉政建设,推进人们对学校管理活动的监督。

通过财务管理公开,推动财务管理的规范化。财务工作报告,要在学校教职工代表大会上通报;学校的收费项目、标准、依据、范围,要在学校公布栏中张贴;教职工补贴发放标准、办法,由人事处提交教代会通过等。通过这些做法,实现了教职工对学校财务管理的监督。

通过物资采购情况公开,提高采购工作的透明度。通过采购计划、采购方式、使用效果的公开,提高学校物资采购管理的规范化,也促进了教职工对学校资产管理的监督。

通过建设工程项目的公开,提高公众的监督、参与意识。基建工程项目公开包括基建、修缮工程项目的设计方案的征集、讨论;资金来源;计划总投资,建筑面积;招投标情况;竣工决算情况等内容的公开。通过公开,增强了教职工参与学校管理的意识,也实现了教职工对学校基建管理的监督。

通过科研立项、结果的公开,提高公平竞争力度,减少学术腐败,促进教师积极开展科学研究。科研立项、结果公开包括:科研项目申请情况的公开;科研立项的题目、承担人、项目金额的公开;科研项目结题情况的公开;科研项目评奖结果公开;绩效评价结果公开;社会转让情况公开。公开,激励了教师积极参与科学研究,创造了学术自由的氛围,也实现了对于科研项目管理的监督。

公开管理信息是社会民主化进程的必然要求,随着社会公众对高等教育关注度的提高,高职院校的校务公开的内容会不断增加。在现阶段,学校可以根据自身管理情况,有条件、有范围、有针对性地进行校务公开。校务公开,构建了监督控制的管理环境,也进一步完善了学校内部控制中的监督机制。

(3)发挥社会监督作用。高职院校内部监督体系的监督属于内部人监督,当遇到关系到学校声誉等敏感问题时,内部监督机构对于问题的判断可能会带有一定的倾向性,会弱化监督的作用。而社会监督属于真正的外部人监督,不会受内部倾向性的影响,监督具有很强的独立性、客观性。

社会公众、社会中介机构是独立于学校之外的社会民众、专家机构,属于社会监督机构。如高等教育评估机构、会计师事务所、资产评估机构、报刊等社会舆论机构。社会机构独立于高职院校之外,其公平、公正、客观是他们服务社会的基础要件，其理智性、客观性，可以弥补高职院校内部监督人员监督不够“彻底”的缺憾。

学校可以定期或不定期地委托社会中介机构对高职院校的内部管理状况进行监督。借助社会监督机构的专业、职业能力，发现管理漏洞，降低内部群体舞弊案件发生的概率，加强内部控制，提高管理水平。比如可以借助会计师事务所，对学校的财务状况进行审计监督，检查、审核、确认学校的财务管理情况。可以由上级教育行政主管部门牵头，从各高职院校中抽调审计人员定期或不定期地派出审计组，审核、监督高职院校的资产管理情况。可以借助教育质量评估机构，对学校的办学质量进行评估、分析，对学校的办学状况有一个客观的评判，更好地提高教学质量。

通过借助社会专家的力量，监督学校的内部管理情况，不仅可以发现学校管理中的不足，防患于未然，还可以使学校高层管理者对学校的内部管理情况有一个基本的、全面的、客观的认识。内部监督与外部监督相互结合，形成高职院校有效的监督机制。

（4）保证信息沟通渠道的畅通。内部审计监督的有效与否，有赖于有关方面能否进行充分、有效的信息沟通。一方面，学校内部监督部门之间需要充分的沟通，以提高监督的效率、效果；另一方面，公众对监督结果知情权的需求在不断增加，要求能够及时公布监督结果，实现学校与公众的有效沟通。因此，加强内部监督机构之间的沟通、提高监督结果的公知性，是做好内部审计监督的必要环节，而保证这两个环节的基础是保证信息沟通渠道的畅通，这也是为什么信息与沟通成为贯穿于内部控制中的原因所在。

第一，提高内部监督机构之间的信息沟通。参与学校内部审计监督的机构、人员很多，每个机构、人员都在依照所在机构的职责实施着监督行为，而并不了解机构外的其他人的工作情况。同时，并不能保证每个机构的每个人员都能够全面了解学校内部监督的方式、程序、要求以及所采取监督方式可能存在的风险。通过有效的信息沟通，可以减少误解，降低重复性工作，提高监督效果。

第二，建立监督结果公布的信息交流渠道。内部监督的目的就是要提高组织内部自我完善、自我约束的自我管理能力，如果监督的结果无人知晓或很少的人知晓，从某种意义上说，就没有达到自我约束的目的。另外，从管理学的角度来说，如果信息不能通过正式的、正规的渠道传递的话,非正式渠道、小道消息就会满天飞,不准确的信息可能就会占据信息源的主流。同时,含糊的、有歧义的披露也会导致各种不同解释的泛滥。因此,通过正式的渠道、正规的方式公示监督结果,是实现监督目的、保证监督效果不被曲解的有效方式。在现阶段,学校可以根据自身管理的特点和需要,在保证学校稳定、发展的前提下,有选择性地进行监督结果的公示,以改善内部管理,加强内部控制。

(四)财务部门管理系统创新

高职院校财务管理的发展最引人关注的是财务管理的信息化。高职院校财务管理信息化体现在两个方面:一是财务辅助管理信息化。网络技术和校园网建设为财务管理提供信息沟通和交换的平台。财务信息发布和数据查询,从传统的纸质的人工传递发展为网络传递和系统自动查询;校园卡的使用,解决了校内零星收入无现金化管理的问题,增加了财务管理手段;财务管理系统与银行联合,实现了“无现金报账”“电子转账”等网上银行结算,提高了财务管理水平。二是财务管理信息系统功能多样化。随着计算机技术的进步,“高职院校财务管理系统”已由原来单纯的电算化核算功能,升级发展为集收支核算分级管理、预算控制、报表生成和其他软件接入等功能于一体的多功能管理系统,有利于提高管理的质量和水平。

第八章

高职院校法治文化建设管理研究

第一节 高职院校法治文化建设的内涵及价值意义

一、高职院校法治文化建设的内涵解读

随着我国法治进程的不断推进，关于法治文化的研究也日益丰富，形成了例如“法文化”“法治文化”“法律文化”的理论成果。从发展的角度来看，“法治文化”更加能够体现一个国家法治发展的历史传统与文化基础。“法治”不仅仅包括法律制度建设，而且涵盖了法律治理这一动态过程，体现了一个国家与民族特定的历史传统和文化价值。

“法治文化”是“法治”与“文化”的结合。法治是现代法律社会发展到一定阶段的结果，凝聚了社会正义的价值观念，是理想的国家治理模式；而“文化”，是相对于政治、经济而言的人类全部精神活动及其活动产品，它存在于每个人的内心深处，时时刻刻影响着人的思想和行为。所以，“法治文化”是影响人们思维及行为方式的法律意识、法律原则、法律观念，体现为人们能理性看待事物及维护自身权益，从而在整体上能够更好地在国家和社会层面上践行依法治国这一治国方略。因此，中国共产党明确指出必须弘扬社会主义法治精神，加强社会主义法治文化建设。

从上述分析中可以看出，法治文化作为法治的一部分，是法律行为、法律制度、法律理论等在文化领域的集中映射。高职院校作为文化传播的主要阵地，不仅承担着知识教育的使命，同时也要帮助学生树立正确的价值观。目前，高职院校校园内的违法违规现象有增多趋势。加强高职院校法治教育和法治文化建设，已经成为当前高质量高职院校建设的必然要求。

二、高职院校法治文化建设的实践背景

校园文化是以学生为主体、校园为主要空间，包括教职工在内，以

校园精神为主要内涵的群体文化，包括学风、校风、规章制度、人际关系等。目前，随着国家对于法治文化建设的重视，学校也逐渐加强了学生法治教育，但由于我国高职院校法治文化建设起步较晚，还存在一些问题，主要表现在以下几个方面。

（一）高职院校学生法治意识淡薄

随着国家普法教育的深入展开，高职院校学生法治观念相较于以往已极大增强，互联网时代的来临，信息传播途径多样化，高职院校学生由于社会经验较少，尤其是对网络空间中的多元价值观缺乏理性判断的能力，对于法律在社会生活中的实际作用、法律与权力的关系、法律与利益的平衡等问题，容易产生错误的认识，因此出现各种违法违规的行为。

（二）校园法治文化建设有待加强

高职院校近年来已经意识到法治文化在校园管理和学生教育过程中的积极作用，但是在实际行动中却较为缓慢，主要原因在于法治文化建设并不能立竿见影地看到效果。对于高职院校来说，往往追求的是本校的教育水平及科研水平，将主要精力集中在购买设备、扩充教学师资力量等方面，而对于校园中的法治文化建设则很少，很多高职院校没有将法治文化建设并入思想政治教学之中，应当配套的各种活动也未落实到位。尤其是对于那些非法学类专业的学生来说，基本上没有开设法治实践教育课程，少数开设法治实践教育课程的教学内容也缺乏新意，导致学生对于法律知识的学习无法产生较大的认知兴趣。

现阶段，在我国高职院校法治文化的教学实践中，法治教育没有独立的学科地位，通常学校为了节省资源，将其纳入德治教育体系中。我国坚持依法治国和以德治国相结合，法律和道德是相互补充的。道德必须以遵守法律法规为基础。高职院校学生只有了解了最基本的道德、法律，了解法律中的自由、平等、秩序等多种价值观，才能更好地提升道德水平。

（三）制度保障与资源融合缺乏有效对接

当前高职院校法治文化教育面临着较为复杂的局面。在全球化、信息化的时代，各种社会思潮呈现新态势，不同的价值观念和多元文化潮流在高职院校融汇激荡，信息技术的发展也为各种价值观念的传播提供了快捷的载体。高职院校学生正处于思想活跃的时期，高职院校法治文化教育越发显得迫切。

高职院校法治文化教育的重要内容是强化制度建设，以法治的基本要求重新审视大学章程和各项规章制度，并在学校改革发展的各项举措中重点体现社会主义法治的精神和要求。从实际发展情况来看，高职院校注重法治教育的校园文化宣传和方式创新，但在将法治文化的内容融入学校管理、学生培养、教师评聘等重要制度环节等方面则相对缺乏。① 不同部门之间的制度衔接也存在关联度不够的情况，如：宣传部门和学生管理部门等重视程度较高，思想政治教育教师在日常的教学工作中也比较关注法治文化问题，但其他管理部门、科研机构、业务单位等对此重视程度不够，存在形式主义现象，没有形成完整有力的保障体系，法治文化教育主体独立且分散，资源缺乏有效对接。

（四）目标规划与实践内容尚待有效落实

高职院校在法治文化建设的过程中，普遍重视法治对于校园文化的引领作用，尤其是很多高职院校结合自身传统，考虑学校文理兼顾、科学人文相融合的特点，创新了一批丰富多彩、积极向上的文化品牌项目，为广大师生坚定理想信念、保持良好情操做出了积极贡献。同时，我们也看到，高职院校法治教育的目标落实还有很多需要提升的空间。一是方式方法较为单一。相当一部分学校将法治教育等同于开展学生社团活动，不能满足新一代青年学生精神诉求，不能直面和回应社会问题的教育方式。二是过分强调法治教育的形式性，满足于传授知识体系式的教育模式，无法做到与时俱进、寓教于乐。三是缺乏长期的目标规划。高职院校法治文化教育的建设，是一项长期的系统工程，需要系统的制度保障和具体的实践落实。很多学校管理者还没有意识到存在价值观

---

① 裴忠贵，熊威．提升高职院校法治化水平对策研究［J］．机械职业教育，2019（2）：36-38.

念领域博弈较量的艰巨性、长期性和复杂性,没有将法治文化建设作为高等教育的基础性工作贯穿于学校发展的全过程,因此实践效果不容乐观。

(五)法治引领与人文涵养亟待有效深入

高职院校法治文化教育必须"以文化人、以文育人",通过教育引导、舆论宣传、文化熏陶、实践养成、制度保障等,使法治文化内化为人们的精神追求,外化为人们的自觉行动。目前,高职院校法治文化教育在人文精神涵养方面还有很大提升的空间。法治文化的丰富内涵还没有转化为多种多样的人文因素,潜移默化地滋养青年学子的精神家园。尤其值得注意的是,校园文化建设和思想政治教育不能停留在文艺活动、开会学习、橱窗宣传等层面,这样无法触及人的思想和灵魂,不能吸引新一代的高职院校学生。高职院校法治文化建设,必须创新理念、贴近生活,运用各种形式,融入社会生活,形成有利于培育和弘扬法治文化的生活情景和社会氛围,使法治的影响像空气一样无所不在、无时不有。

三、高职院校法治文化建设的价值意义

法治作为人们行为的规范评价模式,在高校校园文化建设中居于基础地位。法治既是社会主义核心价值观的基本要素,又是高职院校文化建设的实现载体与实践保障。

具体来说,新时代推进高职院校法治文化建设的价值意义,主要表现在以下几方面。

(一)法治文化有利于明确高职院校思想政治教育的规范标准

法治之所以有利于明确高职院校思想政治教育的规范标准,与高职院校社会主义核心价值观建设遭遇现代性困境有关。改革开放以来,我国经历了人类历史上前所未有的快速社会转型。传统与现代相互交织,各种利益冲突不断凸显,社会阶层的分化也日益明显。在这种社会背景下,各种社会思潮、多元文化观念不断碰撞、冲突与融合,加之全球化时

代信息技术的快速发展，网络虚拟世界呈现出更多的反传统、反权威、多主体特征。这一切都给高职院校学生的价值观念造成了较大的冲击。高职院校学子作为社会发展的接班人，他们的价值观念塑造、道德水平提升已不仅仅属于高等教育范畴，而是一个关乎整个社会发展的全局性问题。在传统价值观的解构与断裂、多元文化社会思潮的挑战与挤压、信任危机的滋生形势下，法治在国家层面可以约束权力的任意行使，在社会层面可以对社会发展起着规范引领作用；对个体而言，法治能够为公民参与社会活动提供价值规范和评判标准。因此，以法治来明确高职院校思想政治教育建设的规范标准，以法治的力量推进道德建设，提升高职院校思想政治教育水平，社会主义核心价值观建设才有明确的制度标准和刚性约束，才能增强高职院校学生培育和践行社会主义核心价值观的自觉性。

（二）法治文化有利于促进高职院校社会主义核心价值观建设的实践落实

法治作为社会主义核心价值观的重要组成部分，实际上也是高职院校社会主义核心价值观教育的一种实践取向和制度保障。运用法律法规、公共政策、典型案例向高职院校学生传导正确价值取向，切实发挥法治的规范和保障作用，可以促进社会主义核心价值观由“软性要求”向“硬性规范”转变，有利于推动社会主义核心价值观在高职院校学生群体中内化于心、外化于行。从价值观念塑造的角度来看，人们内心道德感具有天然的脆弱性，需要外在的制度和规则给予支撑和保障；反之，外部的社会规则也需要道德观念的固本培元。敬重制度、规则是现代公民的一种德行和品格，在现代法治社会中，社会主义核心价值观作为一种道德自律和文明自觉，它所倡导和建构的公民品格的重心已由个人的本体道德转移到经济生活和社会公共生活中的规则制度上来。①由此可见，通过法治明确社会主体的权利义务，增强社会主义核心价值观实践的现实基础，既有利于青年学生进一步明晰社会主义核心价值观的实践要求，推动高职院校社会主义核心价值观建设的制度化、实践化、常态化，也有利于促进社会主义核心价值观入脑入心，增强高职院

① 王贤卿．努力把社会主义核心价值观融入法治建设［J］．求是，2017（7）：6.

校学生对社会主义核心价值观的认同。

（三）法治文化有利于引导高职院校学生价值观发展的道德取向

法律是成文的道德，道德是内心的法律，二者都是治国理政的重要手段。法律和道德都具有规范社会行为、调节社会关系、维护社会秩序的作用，在国家治理中都有其地位和功能。法安天下，德润人心。法律有效实施有赖于道德支持，道德践行也离不开法律约束。法治和德治不可分离、不可偏废，国家治理需要法律和道德协同发力。法律作为社会行为的规范体系，以权利义务和责任的方式明确了在当下社会人们行为的范围及其尺度。法律是成文的道德，道德是内心的法律，法律规范本身必然内含着道德判断，体现着价值取向。科学立法、严格执法、公正司法、全民守法，法律体现着对于社会正义、先进道德的弘扬，以及对于不法行为、不良道德的遏制和惩罚。法治不仅能更好地守护公平正义、弘扬美德善行，而且能促使人们趋善，尤其是以生活中的法律案例现身说法，使符合社会主义核心价值观的行为得到鼓励、违背社会主义核心价值观的行为受到制约，可以把高职院校德育建设的教育引导、舆论宣传、典型示范、实践养成等道德教化的各种具体方式加以制度化、规范化，引导高职院校学生价值观发展的道德取向，真正使高职院校育人功能具备明确的现实载体和实践基础。

第二节　新时代高职院校学生法治意识的现状

一、高职院校学生法治意识是高职院校法治文化建设的重要基础

高职院校法治文化建设重点在于增强高职院校师生的法律意识，形成法律思维，促进学校物质文明和精神文明的共同发展与进步，最终实现人的全面发展。高职院校学生法治意识作为高职院校法治文化建设的工作内容之一，是高职院校法治文化建设的重要基础。

第一，高职院校学生法治意识是高职院校法治文化建设的基本内

容。高职院校法治文化建设主要是各个高职院校按照国家相关教育法律法规和高职院校内部规章制度的要求,在法定权限范围内依照法定程序处理学校各项事务,由此提升高职院校师生员工的法治理念,形成高职院校法治文化的气息和氛围,实现高职院校管理的合理化、合规化,切实达到依法治校的宗旨。

第二,高职院校学生法治意识是高职院校法治文化建设的重要保障。无论是高职院校各项制度的实施还是各类法治课程的开设,高职院校学生均作为重要参与对象贯穿其中。高职院校学生法治意识的高低直接决定其对各项法治课程及学校各项规章制度的重视程度:法治意识强的学生往往能够自觉深入学习法治课程并将其所学运用到实际学习和生活中,对于学校各项规章制度也能够从内心认可其约束力,并自觉遵守和践行,进而推动高职院校法治文化建设的实施进程。反之,法治意识弱的学生对于高职院校各项制度及法治课程则较为轻视,违反校规校纪的情况时有发生,进而阻碍高职院校法治文化建设的实施进程。

第三,高职院校学生法治意识是评价高职院校法治文化建设的重要标准。高职院校学生法治意识增强,对于国家各项法律法规有初步了解,能够正确辨别权益是否受到侵害,并知道如何采取合理有效的法律途径维护自身合法权益,这表明高职院校法治文化建设效果初显。反之,如若高职院校学生权益受损而不自知或虽然知道权益受损却选择忍气吞声,并将其视为一种耻辱而放弃寻求救助,这就在一定程度上表明高职院校法治文化建设并没有达到预期目标,整体效果偏差。

二、新时代高职院校学生法治意识的构成要素

高职院校学生法治意识不仅仅是一个纯粹的词语,而是一个由多种要素组成的特殊系统,具体包含法律知识、权利意识、守法意识和用法能力等方面。

(一)高职院校学生的法律知识

法律知识是法治意识的载体,是法治意识的前提,是高职院校学生法治意识中必不可少的组成部分。法律知识一般由理论性法律知识、普及性法律知识和专业性法律知识三部分组成。

1. 理论性法律知识

理论性法律知识指的是高职院校学生对于法律知识理论层面的认知，包括对于习近平法治思想、中国特色社会主义法治理论、依法治国理念、法治国家进程及我国立法和法律实施等基础性理论知识的了解和掌握。

2. 普及性法律知识

普及性法律知识是指高职院校学生通过国家各项普法活动所了解到的法律知识。我国设有中国普法网、教育部全国青少年普法网等官方性普法网站，法律讲堂、普法栏目、普法微博账号、普法微信公众平台等多种形式相互依托，共同构建我国普法体系，推动普法工作顺利进行。此外，高职院校每年进行的宪法日宣传及法学知识进校园等活动也是法律知识宣传的有效手段。

3. 专业性法律知识

高等教育阶段是高职院校学生获取专业性法律知识的重要阵地。当前，我国高职院校学生专业性法律知识主要是指两个方面：一方面是指高职院校法学专业的学生通过专业性课程学习，对于专业课程的理解和把握；另一方面是指高职院校非法学专业学生对于与本专业密切结合的法律知识的储备和运用，如理工科专业的学生应多关注知识产权法相关规定，行政管理专业的学生应主动学习行政法方面的法律知识，财税专业的学生要加强对于税法方面的法律知识学习。

（二）高职院校学生的权利意识

权利是权利主体依法享有自己为或不为，或者要求他人为或不为的可能性。权利意识就是对于权利的认知，即对于权利的认知及如何行使的认识、理解，其主要包含以下四个方面的内容。

1. 针对自我的权利意识

针对自我的权利意识主要指高职院校学生针对自身的行为所具有的权利意识，即高职院校学生可根据自己的意愿为一定行为或不为一定行为，而不用担心受到谴责和惩罚。[①] 例如，高职院校学生享有选举权，其依法具有选举国家代表机关的代表与其他公职人员的权利，任何人不得以民族、种族、性别、职业、家庭出身、宗教信仰、教育程度、财产状况、居住期限为由，剥夺其选举权利。再比如，高职院校学生对于自己独立设计完成的美术作品依法享有发表权，有权自主决定放弃将该作品发表，而不受他人干涉。

2. 针对他人的权利意识

针对他人的权利意识主要指高职院校学生针对他人的行为所具有的权利意识，即高职院校学生为确保自身利益的实现，可要求他人在对应的义务范围内为一定行为或不为一定行为的自由。

3. 权利边界意识

权利边界意识是指高职院校学生对于权利范围及限度的认知，不能因为享有某项权利就可以无所顾忌、不受任何约束。高职院校学生权利边界意识主要有两层含义：一是高职院校学生要在法定范围内行使权利，一旦超越法律边界，"权利"将不再是权利。二是高职院校学生超越权利边界行使权利，其实质是对他人权利的侵犯，将面临一定惩处，承担相应的法律责任。

4. 权利与义务的对等意识

权利与义务的对等意识是指学生应明确知道其权利与义务对等，在法治社会中既没有无权利的义务，也没有无义务的权利，二者不可偏废。高职院校学生在积极行使权利的同时也要注重履行其法定义务。

（三）高职院校学生的守法意识

高职院校学生守法意识是指高职院校学生能够坚持以法律作为自己的行为准则，依照法律行使权利、履行义务的自觉意识，其主要包含积极守法意识和消极守法意识两方面的内容。

① 樊沛鑫．新时代高职院校法治工作的路径探析[J]．中国高等教育，2021(C1)：69-71．

1. 积极守法的意识

高职院校学生积极守法的意识主要指高职院校学生以维权为中心的有限守法观，即高职院校学生能够积极主动地行使法律授予的权利，维护自身的合法利益。

2. 消极守法的意识

高职院校学生消极守法的意识主要指学生以服从为中心的消极守法观，即高职院校学生在正常生活和学习中，能够严格遵守法律的规定，约束自己不去做法律法规不允许的事情。消极守法意识是传统的守法观念，表现为消极被动履行法律义务，虽然不去触碰法律的底线，但是对于侵犯自身权益的事情也不去做积极反抗。

守法的状态是指人们对于法律的遵守程度，包括守法的最低状态、守法的中层状态和守法的高层状态三个部分。守法的最低状态是不违法犯罪。守法的中层状态是依法办事，形成统一的法律秩序。守法的高层状态是守法主体不论是外在的行为，还是内在的动机都符合法的精神和要求，严格履行法律义务，充分行使法律权利，从而真正实现法律调整的目的。虽然目前我国高职院校学生的守法意识还有不违法犯罪这种守法最低状态的存在，但是随着我国法治化进程的发展，我们能够看到守法意识带来的守法中层和高层状态的向好趋势逐步明晰。

（四）高职院校学生的用法能力

高职院校学生的用法能力主要指学生在社会生活实践中运用平日所积累的法律知识来分析解决问题、规范指导行为并且能将其法治自律外化为相应法律行为的能力。高职院校学生的用法能力主要包含法律思维能力和法律实践能力。

1. 法律思维能力

法律思维能力是指高职院校学生在遇见法律相关的事件时，能够运用社会主义法治的逻辑来观察分析和解决社会问题。在实际案例中，面临同样的问题，不同的人会有不同的解决方式。以频发的校园诈骗案为例，不具有法治思维的高职院校学生缺乏理性的判断能力，从一开始就容易落入诈骗者设定的圈套。事后又觉得遭人诈骗是一种愚蠢的丢人行为,羞于让同学、教师知道,最终忍气吞声、自认倒霉,任由犯罪分子逍遥法外。具有法治思维的高职院校学生凭借通过普法宣传活动或者自身学习研究所获得的法律知识,在诈骗行为开始时就具有比较强烈的警惕意识,能够甄别出诈骗行为的存在,从而不会按照诈骗行为者的要求进行相应行为,导致犯罪分子从一开始就不易得逞。进一步讲,现在校园诈骗手段越来越多样化,高职院校学生很难透过虚伪的表面窥探犯罪分子真实的诈骗意图。但是当诈骗行为发生后,具有法治意识的高职院校学生往往能够意识到运用法律维护自身的合法权益,强烈的维权意识能够让学生选择勇敢大胆地面对。

2. 法律实践能力

法律实践能力具体包含两方面的内容：一方面是指高职院校学生能运用法律知识解决实际法律问题的能力；另一方面是指高职院校学生在自律和他律的作用下将法治意识转化为外在行为的能力。前者主要体现在当法律问题真实出现时,具有较强法治意识的高职院校学生知道应该在什么时间、向什么部门、根据什么路径行使自己的法律权利,并能够依靠其理性的法律思维配合相关部门去争取自己的合法权益；后者则主要侧重于高职院校学生真正将法治意识内化于心并外化于行。法律意识是一种思维存在,只有将其与实际行动紧密结合时才能有效发挥其作用,真正为高职院校学生维权提供实质性帮助。相对法治思维能力,法律实践能力实质上是对高职院校学生提出了更高的要求。也许多数高职院校学生能够主动地学习法律知识,并且可以运用法律思维去缜密地思考,但是面对纷繁复杂的社会关系及时刻变化的社会动态,由于不谙世事的年纪所持有的强烈自尊心,及社会经验不足导致的信心缺失,说服自己并战胜自己将是一个巨大的挑战。

第三节 新时代高职院校学生法治意识的培养

一、全面提高高职院校学生法律意识

(一)具备法律观念

法律意识和法治观念是一个公民守法律己的前提。公民有了良好的法律意识和法律观念,就能自觉遵守法律,避免违法犯罪。反之,就只能消极被动地适应法律,结果往往是:一方面,因侵害他人权益走上违法犯罪之路;另一方面,当自己的权益受到不法侵害时,用非法手段应对不法侵害,最终使自己陷入不利境地。[①] 因此,高职院校学生要守法律己,就必须增强自己的法律意识,具备法律观念,并使自己的思想不断适应建设社会主义法治国家的实践。

(二)能够学法知法

1. 学法知法是守法的前提条件

论先后,知为先;论轻重,行为重。学法知法与守法的关系也是如此。只有学法知法,才能知道什么行为是国家法律允许的,什么行为是可做的;什么行为是国家法律禁止的,什么行为是不可做的,从而指导自己按照国家的意志行动。同时,用法律的规定去衡量和判断人们的行为,作出“合法”或“违法”的评判,同违法行为进行坚决的斗争,维护法律尊严,维护社会正常秩序,同时维护自己的合法权益。

---

① 敬仕强．新形势下高职院校法治教育的问题及对策研究[J].中国科技期刊数据库科研,2022(12):16-18.

2. 学法知法是适应依法治国的需要

在法治社会，法律几乎涵盖社会生活的方方面面。人与人之间、个人与集体与国家之间、人与物之间的关系，无不为法律所规范。无论你意识到与否，都要处处与法律打交道，这是不可回避的社会现实。特别是在现代社会中，社会主义市场经济越发达，社会分工越细，竞争越激烈，人们的生活节奏越快，就越需要完善法律对社会各领域的活动和秩序作出明确的规定，不学习就难以适应依法治国的需要。

高职院校学生是未来的社会主义建设者和接班人，从自身肩负的历史使命出发，当代高职院校学生要努力学习和掌握相关法律知识，养成依法办事的习惯。只有如此，才能明辨是非，才能维护自己的合法权益，才能避免违法犯罪，才能更好地守法律己。

3. 学法知法主要应掌握的相关法律

学法知法，高职院校学生应学习哪些相关的法律知识呢？作为一门学科，法学相关文献浩如烟海，当代高职院校学生应该学习一些基本的法学理论、法学知识及主要的法律规范。例如，《中华人民共和国宪法》《中华人民共和国行政处罚法》《中华人民共和国刑法》《中华人民共和国民法典》《中华人民共和国治安管理处罚法》《中华人民共和国消防法》《中华人民共和国集会游行示威法》《中华人民共和国道路交通安全法》以及相关的国际法，等等。

(三)做自觉守法的好公民

1. 履行法律义务

法律义务是指法律规定的义务。法律义务具有国家强制性，这是它与道德义务、社会义务以及社会组织章程(如党章、团章等)所规定的义务重要区别之一。法律义务是每个公民和其他法律关系主体必须承担的法律责任。履行法律义务是守法的表现。如果不履行法律义务就是违法，国家机关将强制其履行，或给予相应的法律制裁。

(1)履行基本义务。基本义务是宪法规定的，是公民最基本的、不可或缺的义务概括性规定，它决定着公民在国家生活中的政治与法律地位，是其他部门规定法律关系主体义务的渊源和依据。宪法规定的公民基本义务有：①维护国家统一和全国各民族团结的义务；②必须遵守《中华人民共和国宪法》和法律，保守国家秘密，爱护公共财产，遵守劳动纪律，遵守公共秩序，尊重社会公德的义务；③维护祖国安全、荣誉和利益的义务；④保卫祖国、抵抗侵略的职责和依法服兵役、参加民兵组织的义务；⑤依法纳税的义务。

此外，公民有劳动的义务、受教育的义务，父母有抚养未成年子女的义务，成年子女有赡养扶助父母的义务。

（2）履行一般义务。一般义务是"特殊义务"的对称。作为一般法律关系的参加者所承担的义务或作为普通身份的法律关系的参加者所承担的义务，如我国宪法规定的公民有依法纳税的义务。

（3）正确认识和处理三个关系。要自觉履行法律义务，就必须正确认识和处理三个关系。

第一，权利和义务的关系。法律是通过对法律关系主体权利、义务的规定来调整社会关系的，任何法律关系都是在法律主体间形成的一种权利和义务的关系。

权利是国家通过法律规定对法律关系主体作出或不作出某种行为，或者要求他人作出或不作出某种行为的许可和保障。当人们的权利受到侵犯时，国家有义务出面干涉，以排除人们享受权利的障碍；当人们做国家许可的行为而没有受到妨害时，国家就没有必要采取公开干涉的形式保障人们的权利。

义务是国家通过法律规定对法律关系主体的某些行为的一种约束。它或者表现为要求人们必须作出一定的行为，或者表现为要求人们必须抑制一定的行为。前者要求义务人采取积极的行为来履行自己的义务，故称为积极义务；后者要求义务人以消极的行为（即不作为）来履行自己的义务，故称为消极义务。

权利和义务作为构成法律关系的内容要素，是紧密联系、不可分割的，它们都处于法律关系的统一体中。在法律关系中，权利和义务是互相依存的。任何一方权利的实现都有赖于另一方义务的履行；任何一方享受权利的同时，都必须承担相应的义务。不允许任何人只享受权利而不尽义务。

第二，基本义务和一般义务的关系。基本义务与一般义务的关系，有人称其为"母子关系"，有人称其为"纲目关系"。基本义务的条款，在普通法律中都有具体的规定。例如，维护民族团结，在《中华人民共和国民族区域自治法》中有具体规定；保守国家秘密，在《中华人民共和国保守国家秘密法》中有具体规定；维护国家安全，在《中华人民共和国国家安全法》《中华人民共和国刑法》中有具体规定；依法服兵役，在《中华人民共和国兵役法》中有具体规定，等等。我们在学习和履行法律义务时，既要抓"纲"，又要带"目"。

第三，国家、集体和个人利益的关系。法律对社会关系的调整，说到底是调整各种社会关系的利益，包括物质的、政治的、经济的利益。国家在运用法律调整社会关系的过程中，不仅是国家利益、公共利益的维护者，而且也充当着个人利益的保卫者。公民要自觉履行法律义务，要用法律规范自己的行为，只要抓住这个根本性的问题，就一定会处理好许多具体问题。

利益在人们的行为中往往以动机的形式出现，对人们的行为起着规定方向、驱使、推动或抑制的作用。不切实际的财物欲望、畸形的物质追求、过分的荣誉欲望、强烈的虚荣追求，都可能诱发不良行为甚至违法犯罪行为。当代高职院校学生要自觉履行法律义务，就必须正确对待个人利益，正当利益当仁不让，非法利益给也不要。要正确处理国家、集体和个人利益的关系，国家利益至上，个人利益服从集体利益。在追求个人合法利益的时候，不得妨碍他人、社会、集体和国家的利益。

2. 避免违法犯罪

(1)守住避免违法犯罪的法律防线。具体来说，主要有以下几点：

第一，避免危害国家安全的行为。例如，有的同学在公共场所乱讲本专业中涉及国家经济利益的信息；有的故意泄露秘密；有的受他人策动，参与非法集会或游行示威等。

第二，避免扰乱公共秩序的行为。例如，扰乱文化、体育等大型群众性活动秩序；结伙斗殴，任意损毁公私财物，寻衅滋事；煽动他人从事邪教活动；擅自删除、修改、增加、干扰计算机系统的功能等。

第三，避免妨害公共安全的行为。例如，违反规定将实验用的硫化物、氯化物、氧化物、生物碱等带出实验室；存放、携带匕首、三棱刀、弹簧刀等管制刀具等。

第四，避免侵犯人身权利、财产权利的行为。例如，结伙殴打、伤害他人；侮辱他人或捏造事实诽谤、陷害他人，写信恐吓他人；发送侮辱、恐吓或其他信息，干扰他人正常生活；冒领、隐匿、毁弃、私自拆开或者非法检查他人信件；盗窃、诈骗、哄抢、抢夺、敲诈、勒索公私财物以及侵占他人财物等。

第五，避免侵犯知识产权的行为。例如，侵犯著作权，未经著作权人的许可，复制发行其文字作品、计算机软件及其他作品；写论文时剽窃、抄袭他人作品等。

第六，避免违反消防管理的行为。例如，违反规定，在存放易燃、易爆物品的地方吸烟、使用明火，乱接、拉电线，引起火灾；对存在的重大火灾隐患，在消防部门指出后，没有及时整改等。

第七，避免违反交通管理的行为。例如，无证驾驶机动车辆；违反交通规则行驶等。

上述问题都是高职院校学生易触犯的“雷区”，只要在这些多发、易发的违法犯罪行为上把住法律的防线，就能减少违法犯罪的发生。

(2)克服易于萌发违法犯罪的思想因素。做守法公民，贵在自觉。能否自觉守法，前提是要有较高的思想觉悟。因此，要克服易于萌发违法犯罪的思想因素，根本在于树立正确的世界观、人生观、价值观。具体来说，在认知、思维上，防止偏激情绪；在利益上，防止自私自利的极端个人主义；在人际关系上，要避免鼠肚鸡肠、狭隘自私、嫉妒报复等心理；在困难挫折面前，克服懦弱、屈服、逃避等心理；在不当诱惑面前，不要丧失原则，见利忘义等。只有这样，才能为做自觉守法公民奠定思想基础。

(3)把握易于违法犯罪的重点问题。针对高职院校学生的实际情况和部分学生违法犯罪的现状，用法律规范自己的行为，避免违法犯罪的发生，重点注意不要参与或沾染斗殴、盗窃、赌博、酗酒、吸毒等活动或恶习。

二、高职院校学生违法行为的预防

(一)违法行为的构成要件

1.违法的主体

作为违法的主体必须是具有法定责任能力的自然人、法人或其他社会组织。就高职院校学生而言,一般都已达到法定年龄,具有理解、辨认和控制自己行为的能力,既能够独立承担法定义务,享有法定权利,也就能够成为违法的主体。

2. 违法主观方面的过错

违法主观方面的过错是指违法主体对其实施的违法行为及其危害后果所具有的故意或过失的心理状态。故意违法是指违法主体明知自己的行为会产生危害社会的结果,并且希望或放任这种结果产生的违法行为。以偷窃为例,行为人非法侵占公私财物,在主观上就有故意非法占有的目的。过失违法是指违法主体应当预见自己的行为可能会产生危害社会的结果,但由于疏忽大意没有预见或已经预见但轻信能够避免,而使危害结果产生的违法行为。

故意或过失是构成违法所必须具备的主观因素。如果某种行为在客观上造成了危害社会的结果,但行为人在主观上并无故意或过失的心理状态,就不是违法。

3. 违法的客体

违法的客体是指法律所保护而被违法行为所侵害的社会关系。违法的客体可能是物质的,如国家、集体、私人的合法财产;也可能是非物质的,即精神或心理上的伤害,如个人的荣誉、名誉、人格尊严等。任何一种违法行为,无论其表现形式如何,都要侵害一定的客体。如果某种行为没有也不可能侵害任何客体,该行为就不是违法行为。

4. 违法行为的客观方面

违法行为的客观方面是指行为人违反法律规定的行为和由这种违法行为所引起的后果,即违法行为实际造成的一定的损害结果,或者违法行为虽未实际造成损害结果,但有可能造成某种损害后果。

(二)违法行为的主要类型

1. 侵害国家利益,违反宪法的行为

高职院校学生是国家未来的希望,国家利益、民族利益与高职院校学生休戚相关。他们的主流是健康向上、奋发学习、努力进取、立志报效国家。但也有极个别高职院校学生不辨是非,实施一些有损国家利益的行为,这些行为都从不同方面侵害了国家利益,都是违反我国宪法有关规定的行为。

2. 违反民事、经济法律法规的行为

民事法律是调整平等主体间人身及财产关系的法律规范。高职院校学生都具有民事法律关系的主体地位,能独立地享有民事权利,承担民事义务。高职院校学生在日常的生活学习中,如侵犯他人著作权、名誉权等,或在相互借贷中产生债权、债务纠纷等,都是违反民事法律、法规的行为。

3. 违反国家行政管理的行为

我国相继颁布和施行的《中华人民共和国义务教育法》《中华人民共和国教师法》和《中华人民共和国高等教育法》,使高职院校的教学管理工作有法可依。有些学生违反学籍管理规定,不严格履行入学、报到注册手续,擅自缺考,考试作弊,不按时参加教学计划规定和学校统一安排、组织的活动等,这些都是违反国家对高职院校推行的行政管理的行为。

4. 违反治安管理的行为

该行为是高校中最常见的违法行为。高职院校治安是社会治安的组成部分,是正常的教学科研、工作学习秩序的基本保障。高职院校学生生活、学习在校园,其秩序依靠大家来维护。但在日常生活中,高职院校学生的违法案件时有发生,常见的主要有以下几个方面。

(1)扰乱校园公共秩序的行为。扰乱校园公共秩序是在校园的公共场所(如礼堂、食堂、游泳池、市场等)结伙斗殴,寻衅滋事,侮辱妇女或者进行其他流氓活动,尚未造成严重损失的就是扰乱校园公共秩序的行为。

(2)妨害公共安全的行为。妨害公共安全是指故意或过失地实施妨害不特定多数人的生命、健康和公私财产安全的行为。例如,高职院校学生某某为朋友帮忙,在寝室里存放了大量的烟花爆竹,其行为违反了爆炸、易燃物品管理规定,可能危害不特定多数同学的生命财产安全,是妨害公共安全的行为。另外,有的同学随身携带匕首、三棱刀、弹簧刀等管制刀具;有的在实验室做实验时,出于好奇偷偷地将硫化物、汞化物、氧化物、生物碱等带出实验室,也是妨害公共安全的行为。

(3)侵犯公私财物的行为。侵犯公私财物是指故意地、非法地将国家、集体财物或公民的私人财物据为己有或者故意损坏,情节轻微,尚不够刑事处罚的行为。例如,偷窃、骗取、抢夺少量公私财物;哄抢国家、集体、个人财物;敲诈、勒索公私财物;故意损坏公私财物等。侵犯公私财物是大学中最常见的违法行为,特别是偷窃公私财物,尤为突出。

(4)妨害社会管理秩序的行为。妨害社会管理秩序是指故意妨害国家机关的正常管理活动和妨害社会正常秩序,情节轻微,尚不够刑事处罚的行为。大学中最常见的是明知是赃物而购买的违法行为。例如,有些高职院校学生贪图便宜,明知对方的自行车来路不正,但由于价格较低而购买,则构成违法行为。

(5)违反消防管理的行为。例如,在有易燃、易爆物品的地方违反禁令,吸烟、使用明火;过失引起火灾,尚未造成严重损失;有重大火灾隐患,经公安机关通知不予改正等。有些高职院校学生在有明显标志"严禁烟火"的实验室吸烟;有的高职院校学生熄灯后在床头上点蜡烛看书,结果引起火灾;有的高职院校学生在寝室内私拉、乱接电线,有重大火灾隐患,经学校保卫部门通知而不加整改,都是违反法规行为。

(6)违反交通管理的行为。例如,有的高职院校学生无证驾驶机动车辆;有的学生违反交通规则,骑自行车逆行等。

(7)违反户口或者居民身份证管理的行为。例如,不按规定申报户口或者申领居民身份证,经公安机关通知拒不改正;假报户口或者冒用他人户口证件、居民身份证;故意涂改户口证件等,都是违反户口或者居民身份证管理的行为。例如,有的新生在入学报到时,擅自更改户籍迁移证上的年龄、姓名等,均是违反户籍管理法规的行为。

(8)违反暂住、流动人口管理的行为。例如,有的学生在假期将自己的床铺长期提供给校外人员使用,有的将寝室内的空床提供给打工的同乡使用等,都未按规定申报暂住、流动人员住宿登记手续,既违反学校宿舍管理规定,又违反国家城市暂住人口管理法规。

(9)严重危害社会治安管理的行为。随着高职院校周边治安状况日趋严峻,有的学生在种种诱惑下参与卖淫嫖娼、聚众赌博等社会治安管理法严厉禁止的行为。例如,参与赌博或者为赌博活动提供条件;制作、复制、出售、出租淫秽录像或者其他淫秽物品等,这些都是严重危害社会治安管理的违法行为。

三、高职院校学生犯罪行为的预防

(一)犯罪行为的主要类型

对近年来的相关资料进行分析,不难发现,当代高职院校学生犯罪主要涉及三大类型:第一,财产型犯罪,如盗窃、诈骗、抢劫等;第二,暴力型犯罪,如故意杀人、故意伤害、性犯罪等;第三,高科技、智能型犯罪,如利用网络犯罪,侵犯知识产权犯罪等。

1. 财产型犯罪

当今高职院校学生犯罪类型以侵犯财产罪为主,多涉及盗窃、诈骗、抢劫等。形成该类犯罪的主要原因如下。

(1)为满足物质欲望而盗窃。生活所迫以及难以遏制的"物欲",往往令一些贫困学生误入歧途。例如,在上海求学的高职院校学生小董来自山区,靠每月家中寄来的生活费生活,几乎没有余钱买学习资料和娱乐设备,看到寝室同学穿着时髦,出手阔绰,心理逐渐失衡。一次,室友外出,将手机落在书桌上,被小董盗走。得手后,她又接连多次盗窃同学手机,甚至在做家教时,将学生家里的笔记本电脑也拎走了。

在校园盗窃案中,困难家庭的学生占相当大的比例。这些出身贫困的学生在面对同学间生活水平的巨大差距时,心理上受到刺激,一旦自我调适不当、道德品质薄弱,就可能抵不住诱惑,铤而走险。

(2)精神空虚,寻找刺激。例如,小刚家境优越,但他在短短一年时间里盗窃作案十多起。他性格孤僻,平素极少与师生交流,为寻求刺激,大三时他头一次将手伸进同学书包,作案时提心吊胆、得手后兴奋莫名的心理体验,让他有了癖瘾,结果一发而不可收。

(3)其他因素。财产型犯罪的高职院校学生作案动机还有三类:①报复心理,当自己的手机、自行车等东西被盗后,产生盗取别人的来补偿自己的想法;②与人攀比,爱慕虚荣,某些高职院校学生成绩比人家好,吃穿却比别人差,于是去偷窃,弥补物质生活的差距;③心态失衡,受武侠小说等的影响,模仿偷窃行为。此类案件多发于低年级,该阶段的学生法律意识淡薄且思想幼稚。

2. 暴力型犯罪

高职院校学生犯罪中,涉及故意杀人、故意伤害等暴力型犯罪的,仅次于盗窃等财产型犯罪。一些高职院校学生认为,打架斗殴,只要不致死、致残,就只需付医疗费,受学校处分就算了结了,一般情况下不会想到已经违反了法律,其法治观念之淡薄,常令人惊讶。某些高职院校学生在学习、生活中受挫,或者不堪学习、就业压力,产生心理问题,引发犯罪行为。近年来,该类犯罪呈上升趋势,并伴有以下特点:为情、为财杀人所占比例较高;作案手段残忍,后果严重;报复心理较重。

通过分析我们发现,形成该类犯罪的主要原因有下列几点。

(1)法律意识淡薄,存在道德缺陷。例如,高职院校学生小顾在校踢球时跟对方队员发生争执,遭到殴打后,气愤不已,叫来三个同学,乱刀将对方砍伤。该类犯罪高职院校学生,大部分是低年级学生,自控能力差,往往意气用事,铸下大错。

多年来,我们的家庭教育和学校教育偏重传授知识,"重智轻德"。同时,不少高职院校学生有自矜、自骄、自负的心理。再加上各种负面因素乃至颓废文化的影响,高职院校学生的人生观、价值观极易发生扭曲,他们的浮躁、功利、暴力等心理极度膨胀。

(2)心理问题引发犯罪。例如,2004 年初发生于云南大学的"马加爵杀人案",一时间震惊全国。经调查,马加爵的杀人动机仅仅是因打牌等琐事引发的不满,并且其自身存在因贫困、交际、学业压力等引发的严重心理问题。

(3)激情犯罪,不计后果。例如,离家求学的杨某就读于成都某高职院校,入校几个月后因学习跟不上进度,便背着父母退了学。临近毕业,眼见谎言即将被拆穿,杨某想到了自杀。后来,他又想到杀人后再自杀。杨某遂来到姑妈家,趁其不备用铁榔头向她后脑敲去。姑妈经法医鉴定为轻伤,后杨某因故意杀人罪被判处有期徒刑 6 年。

以上是典型的激情犯罪,这类犯罪在暴力犯罪中占一定比例,而且该类犯罪往往后果严重,事先又难以预防。

高职院校学生虽已成年,但一些高职院校学生的心理却不够成熟,心理预期过高,情绪容易失控,自控能力较差,部分高职院校学生容易产生消极颓废的心理。

3. 高科技、高智能型犯罪

高职院校学生是社会中文化素质较高的群体，他们善于思考，对科学技术有较强的接受能力，所以其违法犯罪活动较其他人群呈现出明显的智能化特点，如利用网络、电子信息技术等进行违法犯罪活动。近年来，高职院校学生利用网络技术作案的案件不断增多，利用电脑病毒等进行的违法犯罪活动，给国家和社会造成了巨大的危害，也是我们应预防和关注的重点。形成该类犯罪的主要原因有以下两种。

（1）金钱诱惑。例如，北京某高职院校学生郑某在受聘公司从事点钞机软件编程工作期间，发现公司新开发的点钞机市场潜力巨大，有利可图，遂萌发自己生产点钞机销往外地的想法，最终因侵犯商业秘密，涉案金额巨大，被人民法院判处有期徒刑 9 年，并处罚金 6 万元。

（2）过高估计作案能力，藐视法律。在此类犯罪高职院校学生中，有些是因为学生对自己缺乏正确的认识。这些学生往往自认为智力超群，对法律法规研究透彻，认为“有空子可钻”，夸大作案的可能性。还有的是盲目自信，觉得自己作案技术高明，隐蔽性强，从而自我鼓励，自我安慰，在这种错误认识和侥幸心理的驱使下，铤而走险，一旦作案成功，就会促使其继续犯罪。

（二）高职院校学生犯罪的预防措施

预防高职院校学生犯罪与预防其他形式的犯罪实质上是一样的，最根本的措施还是防患于未然，针对其犯罪原因，进行综合治理，形成一种有利于高职院校学生全面发展的环境。

1. 重视对高职院校学生的思想道德教育

高职院校学生正处在成长的关键时期，大学期间对一个人世界观、人生观和价值观的形成至关重要。高职院校要在学生学习现代科学知识、技能和理论的同时，对他们进行有效的思想道德教育，提高他们的道德水平，教会他们为人之道，使他们真正成为心智与人格全面发展的有用之才。

现在个别高职院校学生根本没有理想，更不用说为了理想而努力，他们不愿将自己的精力投入到为理想奋斗的过程中,他们的目光只停留在现实上,整天挖空心思享乐。一旦丧失理想,生活也就失去了方向,若再有其他不良因素的影响,便有可能产生犯罪心理。此外,有的高职院校学生对家庭、对社会缺乏责任感,以自我为中心,即使没有经济条件,也一味地贪图享乐,甚至为了享乐而不惜以身试法,他们不考虑自己的行为可能给家庭、给社会带来的后果,缺乏应有的良知。因此,高职院校必须重视对学生的思想道德教育。

2. 加强对高职院校学生的人文素质教育

当今社会,高职院校在培养人才时更加注重知识的灌输和智力的开发,缺乏人文素质教育。例如,很多理工科的学生,掌握的人文及社会科学认知略显不足,不太擅长处理人际关系。所以,如何用人文精神指引高职院校学生服务于社会,是高等教育的一个重要课题。

3. 加强对高职院校学生的心理健康教育

目前,高职院校学生心理问题日益突出,已成为当今家庭、学校和社会稳定的一个亟待关注的问题。但我国高职院校的现状是,精神卫生工作无论是在人才投入,还是在经费投入上都远远不够,心理教育人才的匮乏在高职院校教育系统中也较为突出。这就需要广大教育工作者共同投入到心理健康教育中来,尽己所能,做好高职院校学生的心理健康教育工作,以降低高职院校学生犯罪率。

针对高职院校学生心理发展不够成熟的特点,学校要有意识地开展心理健康知识讲座、开设心理咨询机构,帮助高职院校学生形成健康向上的心理。学校可以在以下几个方面开展工作。

第一,由专业的心理教师开设心理教育课程。

第二,建立心理协会或者相关社团,开展形式多样的心理健康教育活动。

第三,开设专门的心理咨询热线和心理咨询网站,及时解决学生遇到的心理问题。

第四,辅导员对那些心理脆弱、遭受挫折的高职院校学生要给予较多的关注,注意及时调解学生之间的矛盾,避免矛盾激化。

第五,引导高职院校学生控制情绪,消除其人格障碍,让学生学会宽容,提高学生的承受能力和应对挫折的能力。

第六,注意引导高职院校学生建立和谐的人际关系。高职院校学生要放弃偏激和自卑心理,笑对人生,热情生活,多交朋友,使自己的心理常处于轻松愉快的状态。

4. 做好预防和管理工作

预防犯罪首先必须保证良好的校园生活环境,保证校园是一个学习知识的场所,抵制社会不良文化的入侵。高职院校要加强和改进学生管理工作,尤其是集体宿舍的管理,可采取针对性措施,健全管理约束机制,建立预防高职院校学生犯罪的综合防范体系;配合有关执法部门开展综合整治活动,排除校园周围影响或干扰高职院校学生的不健康因素。通过建立一整套的安全防范管理体系,从体制上杜绝违法犯罪现象。

发生在校园内的恶性伤害案件中,有些属于激情犯罪,犯罪嫌疑人在一时冲动之下临时起意,学校保卫部门很难预防这类突如其来的事件,但是保安人员的巡逻等工作会对那些有犯罪意图的学生产生一种威慑作用。在如今许多校园设在城市周边,地段偏僻,绿化带多,人口密度较低的情况下,加大保安的工作力度显得尤为重要。面对校园内发案率较高的盗窃犯罪,高职院校应加强校园管理,教育学生提高自身的防范意识。建议学校开展以下具体的工作。

第一,提高学校保安人员的法律素养,加大执法力度。

第二,规范管理学生生活园区。

第三,完善校园环境及学生宿舍的硬件设备设施。

第四,案发后学校进行适当处罚,决不姑息、包庇。

第四节　推动高职院校校园法治文化建设的践行落实

在推进全面依法治国的大背景下,对高职校园法治文化建设存在的一系列问题应当高度重视,高职院校之事绝无小事,事关社会主义事业接班人培养。为了不断推进中国的法治化进程,依法治校,培育高素质人才，应当不断推进高职院校校园法治文化建设的践行落实。

一、高职院校校园法治文化建设应当被高度重视

高职院校法治教育是依法治校的重要组成部分，能够解释当今高校法治建设过程中存在的一系列问题，能够深刻反映我国法治教育的根本目标与发展前景，影响面极为广泛，具有重要意义。学校法治文化建设的成功与否，直接影响着高职院校法治教育的目标能否实现。不言而喻，高职院校法治教育的目标就是培养具备法律素养的高素质高职院校学生，从而更好地促进高职院校学生的全面发展。为当前社会主义法治国家建设贡献出自己的力量，这是新时代每一个高职院校学生的义务与责任。

（一）高职院校应系统地教授学生法律知识，增强其法律素养

在校期间是高职院校学生学习知识的黄金时期，高职院校应当系统地教授高职院校学生法律知识，使他们构建起最基本的法律框架。根据当前我国高职院校法律课程的开展情况，学生必须掌握的法律知识课程必须开设，如法理学，其中涉及很多法学最基本的概念，对于高职院校学生了解法律学科、系统地掌握法律知识至关重要。此外，还应当结合学生自身专业的特点，有重点地开设相关法律课程，如作为医学专业的学生，就应当让其系统地学习医学方面的法律，如《母婴保健法》；若是财税专业的学生，应当让其系统地学习《税法》《中华人民共和国公司法》等；若是外语类专业的学生，应当让其系统地学习国外的相关法律。高职院校主动开展课程系统地教授法律专业知识，对于学生个人来说，能够增强自身综合素质，提高公民竞争力；对于社会来说，有利于提高公民整体的法律素养，有利于构建社会主义和谐社会；对于国家来说，为国家法治的建设培育了一批又一批人才，有利于建设社会主义法治国家。

（二）应当将培育高职院校学生的法律意识作为核心要务

高职院校学生的法律意识培养是一项系统工程，应当分步骤进行，第一是高职院校学生的法律心理教育，第二是高职院校学生的法律观念

培养,第三是高职院校学生的法律思维培养。高职院校学生养成良好的法律意识,有利于规范自身的行为,养成良好的生活习性、行为习惯,所以,应当大力加强高职院校学生法律意识的培养。校园法治文化建设过程中应当注意引导高职院校学生将感性认识上升到理性认识,从法律心理着手,逐步引导高职院校学生形成理性的价值观念。

(三)校园法治文化建设的重要目标之一是要提高学生的法律能力

"青年兴则国兴,青年强则国强",着力培养青年学生的法律能力不仅是党和国家的基本要求,也是经济社会发展的客观需要。到底何为法律能力呢?简言之就是能够将法律意识内化于心、外化为自己的行动指南,用来处理日常矛盾纠纷的一种能力。法律能力的内涵丰富,是由学法能力、守法能力和用法能力三个方面构成的,对高职院校学生掌握此项能力提出了较高的素质要求。因此,高职院校应当加强学生这三方面的能力训练,增强学生的法律能力,提高法律素质,使其用法律的手段来维护自身的合法权益。

首先,高职院校应当培养学生的学法能力,使其能够更好地掌握更多的法律知识,为其以后步入职场和服务社会打下坚实的基础。

其次,要加强高职院校学生守法能力锻炼,使其做任何事情都符合法律的相关规定,自觉维护宪法的权威与尊严,敢于同一切违法行为作斗争。

最后,要提高用法能力,培养高职院校学生对于法律规定的敏锐度,通过开展一系列的法治宣传教育,使学生了解如何能更好地运用法律来维护自身的合法权益,或者是维护除自身之外的其他主体的合法权益。[①] 法律能力的培养离不开高职院校学生的切身参与,高职院校学生应当积极投身于法律实践,通过多接触相关事件来提升自身的法律素质。高职院校也应当为学生法律能力的培养提供更多的机会,提升其法律素质,使其早日成为合格的社会主义事业接班人。

① 郭敬超.当代大学生安全教育活动开展策略分析[J].山西青年,2021,(17):73-74.

二、不断提升高职院校校园法治文化建设的实践效果

高职院校校园法治文化建设的重要内容之一就是强调对法律知识的学习,注重法治理念和法律能力的培养,坚定社会主义理想信念,坚定中国特色社会主义法治道路,将学习的法律知识内化于心,指导自己的行为,这就需要培育高职院校校园法治文化。法治文化的培育是一个长时间积累沉淀的结果,不是一蹴而就的,但这并不意味着我们对法治文化建设无能为力而放任自流。相反,法治文化的形成是一个积极主动、共同努力的结果。从文化形成的动因来看,可以分为内源性和外源性。内源性是指本土文化自身的发展,它可以确保文化的传承,形成具有本土特色的文化,问题在于本土文化的演进道路漫长且实现质的飞跃比较困难。外源性主要是指借鉴其他优秀文化对本土文化进行改造,从而使本土文化实现彻底变革或是断崖式发展,难点在于如何实现域外文化与本土文化的深度融合。近代以来,我国引进西方文化对本土文化进行了重构,目前已经形成了中国特色社会主义法律体系,在未来的很长一段时间内,法治文化建设的重点在于如何推动法律制度的落实与发展。高职院校校园法治文化建设应当立足于习近平新时代中国特色社会主义思想,精准领悟法治的内涵,建立健全并严格落实各项规章制度,提高全校的法治意识,形成依法治校的新常态。

(一)广泛普及法律知识

高职院校校园法治文化建设是推进全面依法治国和依法治校背景下高职院校治理的基本模式,提高广大师生对法治的理解是推进高职院校法治文化建设的前提条件,是从思想意识层面对法治的深刻理解和广泛认同。必须精准理解"法治是什么""法治的目标是什么""法治的精神实质又是什么"等问题,如果对于这些基本问题的理解不够准确、不够到位,就很难在实践中推进法治建设。当前,一些人对于法治的印象是法治离自己很遥远,对于法治处于无意识状态。因此,高职院校应当加大普法宣传力度,向学生宣讲法律知识,使他们具备基本的法律知识和法律素养。

1. 要加强宪法知识的学习

宪法作为我国的根本大法,是治国安邦的总章程,对于宪法知识的学习显得尤为重要。学习宪法知识,有利于更加深刻地理解宪法的实质精神,有利于树立宪法权威,增加自己的宪法自信,深刻地理解社会主义新时期我国大力推进社会主义法治建设的重大历史决定。学习宪法也能够更好地激励当代高职院校学生以社会主义事业建设者的身份投身到高职院校校园法治文化建设中去。

2. 注重其他部门法律知识的学习

宪法作为治国安邦的总章程,起着总领全局的作用,实践中,很多问题的解决需要相应的部门法律规则,因此还需要加强部门法的学习。其他部门法可以分为实体法和程序法的学习,实体法包括民法、刑法、行政法、公司法、商法等部门法,程序法包括民事诉讼法、行政诉讼法、刑事诉讼法等法律。通过对实体法的学习,对基本的法律知识有着更为系统的了解,可以帮助在校学生掌握更多的法律知识,明确建设社会主义法治校园的过程中应当注意的法律问题,界定社会生活中各种法律底线,明确法律与道德的界限,增强学生对于法律的了解程度。通过了解实体法更加有利于明晰宪法中的相关规定,有助于树立宪法、法律权威。学习程序法能够更好地了解当前我国法律案件的办理过程,有助于增强高职院校学生的程序正义的理念,能够逐步培养高职院校学生法治思维和法律能力,使其能够运用法律手段来维护自身的合法权益。学习部门法,有助于高职院校学生更好地理解马克思主义法学,提高其法律辨别的能力,在思想上重视法律的各项规定,在日常活动中以此为指引,更好地指导其社会生活,也有利于为法律信仰的养成打下坚实的基础。

(二)培育高职院校学生法治理念

国家的立法、执法、司法活动应当以法治思想和法治理念为基础,法治理念对国家的法治活动起着引领的作用,具有指导性建设意义。对于每个公民来说,法治理念是其对国家法律历史、现行法律规定、法律活动等的概括总结,深深地根植于其内心深处,是其进行法治活动的精神指引,对其在日常生活中的法治习惯的养成具有重要意义。当前,高职院校开展校园法治文化建设活动，不仅仅是向学生普及法律知识，提高他们的法律素养，更重要的是培育他们的法治理念。高职院校学生具有了坚定的法治理念，就能够逐步形成法治思维，并以此指导他们的法律行为，可以更好地使高职院校学生投身于学校法治文化建设，为社会主义法治文化的发展贡献出自己的力量。培育高职院校学生的社会主义法治理念，应当从以下几个方面入手。

1. 开展依法治国的主题宣讲活动

当前，建设社会主义法治国家，必须毫不动摇地坚持依法治国的基本方略，这就要求大到国家、政府，小到公民个人，都必须遵守法律的规定，将自己的行为限定在法律允许的范围之内，要将权力关在制度的笼子里。公民个人应当养成自觉遵守法律的好习惯，善于运用法律思维和法律方式来看待问题、处理问题。在加强高职院校法治校园建设的背景下，开展依法治校主题宣讲活动，有利于让高职院校学生更好地理解依法治国的含义、内容及意义，有利于高职院校学生树立宪法法律权威，有利于法治校园的建设。

2. 应当以执法为民作为本质要求

人民代表大会制度是我国的根本政治制度。国家的一切权力属于人民，人民是国家的主人，因此，社会主义法治理念必须将执法为民作为本质要求，这是由我国的国体和政体所决定的。在建设高职院校校园法治文化的过程中，宣讲执法为民的社会主义法治理念，有利于让在校学生树立起“以人为本，保障人权”的基本理念，高职院校学生作为社会主义事业的接班人，投身于社会主义现代化建设，从内心深处确立以人为本、执法为民的信念，在今后投身社会主义现代化建设过程中，有利于处理好各种涉及人民利益的关系，最终实现维护人民利益的目的。

3. 以公平正义为追求目标

公平正义作为社会主义法治理念的重要内容，彰显了社会主义和谐社会的价值追求，高职院校学生作为接受过高等教育的精英群体，应当更多地关注公平正义。在建设校园法治文化的过程中，应当对高职院校学生宣讲公平正义这一理念，让在校学生更好地理解公平正义这一价值追求的内涵，并以此作为价值追求目标，只有这样，社会才能进步，法治社会才能更早建成，人民群众的利益才能从根本上得到保障。应当明确的是，法治的建设是全社会实现公平正义的最便捷、最有效的方式。

4. 以服务大局为重要的历史使命

我们党的宗旨是全心全意为人民服务。高职院校要宣讲社会团体意识，引导高职院校学生养成大局观念，以主人翁的姿态步入未来的社会主义现代化建设过程中，为服务国家和社会做出自己应有的贡献。

5. 毫不动摇地坚持党的领导

社会主义现代化建设的核心是坚持党的领导，党的领导是社会主义法治建设的灵魂，是社会主义法治国家建设最根本的保障。在法治校园的建设过程中，培育高职院校学生的法治思维和法治观念，必须深入贯彻党的领导，以人民的利益为最根本的利益，方可发挥社会的最大活力，才能更好地建设社会主义法治国家，才能更好地兼顾广大人民群众的根本利益。

（三）重点是培养法律能力

法律能力的形成并非一蹴而就的，而是一个长期积累的过程，需要在不断学习法律的基础上，通过法律实践，最终将法律知识转换为自身的法律能力，解决日常生活学习中的种种矛盾，维护自身的合法权益。法律能力的塑造实质上是一个感性认识向理性认识飞跃的过程。培育高职院校学生的法律能力不能仅仅依靠法律知识的传授、法律理念的学习，若高职院校与此同时能开展相关的法律实践活动，将更加有助于学生将法律知识转化为法律能力。高职院校学生作为接受过高等教育的精英群体，培育学生的法律能力应当作为校园法治建设的一项基本任务。对高职院校学生的要求应当高于其他社会群体，对于高职院校学生而言，法律能力不仅仅体现为运用法律的方式来解决纠纷，更重要的是可以用法律思维、法治观点来看待社会。

学法、懂法、守法、用法是培育高职院校学生法律能力应当具备的四个步骤，其中守法具有丰富的含义：既指能够用法律方法、法治思维来处理各种日常事务，还指可以运用法律手段维护国家、社会、集体、自身的合法权益，除此之外还包括可以运用法律来解决日常纠纷，形成依法办事的好习惯，维护自身合法权益，保障社会安定有序。如今，社会上存在一些损害宪法法律的权威与尊严的行为，在建设法治校园的过程中应当同这种行为作斗争，自觉维护宪法法律尊严。

（四）培育高职院校学生的法律信仰

法律信仰对于社会主义法治建设起到了至关重要的作用，甚至可以影响到社会主义法治建设的进程，因此，必须培育民众对法律的信仰，以此来促进社会主义法律秩序的构建。法律信仰在法治国家建设过程中显得尤为重要，它是建设法治国家的重要因素，是公民对于宪法法律权威地位的强烈信念，是宪法、法律至上的体现。若是缺乏了法律信仰，社会主义法治建设的各个过程也就难以顺畅。因此，高职院校应当将培育学生法律信仰作为法治校园建设的重要一环，在高职院校学生内心树立起宪法法律的权威地位和法律至上的观念。

第一，要增强权利意识，这是培育法律信仰的前提条件。权利是一部法律的重要组成部分，一部没有权利内容的法律是不能引起公众的共鸣的。权利意识的增强可以引导公众对于法律的认同，有利于人们法律信仰的养成。同时，对法律的信仰反过来又势必会推动权利意识的增强。如若缺乏权利意识，法律规定的权利只是规定在纸上，不会转化为现实中的权利。在依法治校的背景下，加强校园法治文化建设的同时，应当将高职院校学生权利意识的培养作为一项重要内容，深入到学生的内心世界，让宪法、法律的权威在高职院校学生心中生根发芽。

第二，要增强师生对于法律信仰的感受与认同。法律信仰具有亲历性，不是凭空产生的，而是基于人们对法律的自觉信服和认可，通过自己参与到法律实践过程中，借助一系列的个人实践、亲身经历而逐步产生的。因此，高职院校在建设法治校园文化的过程中，应当注意培育师生对于法律信仰的切身感受，只有这样才能激发其对法律的热情，促进法律信仰的形成。

三、高职院校校园法治文化建设的品牌化发展

在网络自媒体高速发展的时代，信息种类呈现出纷繁多彩的情势，信息传播速度日新月异，极大地丰富了我们的生活，但是也存在一些不

好的信息，一些网络传播的信息并不符合当今社会主流思想，与社会主义和谐社会的主题背道而驰，污染着良好的社会主义建设的大环境。当前的法治建设也受到一定影响，而作为培育社会主义事业接班人的高职院校更是首当其冲，因此在高职院校校园法治文化建设过程中应当凝心聚力，聚焦时代精神，大力发展符合时代要求的品牌化校园法治文化。

网络信息技术快速、便捷，使得网络文化在高职院校学生群体中广泛传播。区别于以往的面对面交流，网络媒体具有独特的虚拟、自由等显著特点，容易为广大青少年学生所接受。青少年群体是网络文化传播的主体，而高职院校学生又是青少年群体中的主力军，因此，高职院校开展品牌化的法治文化建设，可以结合网络自媒体的优势，创建优秀、和谐的校园法治文化，这是高职院校法治文化建设的一项重要任务。此外，我们要深刻把握品牌的内涵，品牌实际上是虚拟的，是客观存在的事物在人的主观意识中凝聚后的一定反映，具有抽象化的特点，品牌的最大作用在于差异化认识，结合当前高职院校校园法治文化品牌化发展，应当鼓励高职院校共青团团学活动的品牌化发展，提高团学工作的影响力。

高职院校是培育社会主义事业建设者的重要基地，也是团学活动工作开展的重要载体，故而，打造出优秀的品牌是当前高职院校共青团发展校园法治文化的重点，也是当前高职院校工作中的重要课题，具有重要意义。因此，应当着力于以下建设。

（一）坚定法治理念，构建良好校园氛围

一切的社会行动都应当以理念作为行动指南，现代化法治理念和法治思维是培育社会主义法治文化的应有之义，高职院校法治文化建设必须是为社会主义现代化建设服务的，高职院校校园法治文化建设应当遵循社会主义法治理念，并以此为指导。营造良好的校园法治文化环境不仅仅是为法治校园服务，更是为建设社会主义法治社会所服务，有利于解决当前社会中“官本位”“权大于法”等社会现象的发生。

高职院校校园法治文化建设是一项浩大的工程，必须有着强有力的领导，因此，在毫不动摇地坚持党的领导的前提下，各级领导干部应当充分发挥先锋模范作用，善于运用法治思维和法治方式来解决高职院校法治化建设过程中遇到的各种问题，将高职院校中的日常教学管理工

作纳入法治化的轨道,这也是高职院校法治化建设的具体体现。同时,高职院校的全体师生应当保持对法治校园建设的高度热情,积极投入其中,特别是法学院的师生更应当发挥自身的专业优势,定期在高职院校内开展普法宣传教育、法律知识竞赛等活动,激发全校师生的学法热情,使其真切地感受到社会主义法治的信念和力量,最终在高职院校中营造出浓郁的校园法治文化氛围。

(二)送法入社区,使法治深入人心

高职院校建设校园法治文化最终是为社会主义法治建设服务的,校园法治的建设要做到内外兼顾,不仅仅是局限于高职院校内部的建设,还要走出去,开展一系列的法治服务活动,其中以"送法入社区"最为典型。社区是构成当今社会的基本单位,类似于社会村落,是社会上的部分个体聚集的地方,在古代的村落中存在着族规、村规,以此来维持正常秩序,而现代中国社会中的社区是以社会主义性质的法律来进行规制的,但是仍有一些居民或是没有受过法治教育,属于"法盲",或是法治观念淡薄,遇事从来不讲法律,而是通过人情、找关系来解决,甚至是最后诉诸武力,也给社会主义法治社会的建设增加了阻力。高职院校通过开展送法入社区活动,不仅可以检验高职院校学生的法律素养,而且能够使其更好地走进社会,了解到真正的社会现象,并发现自身存在的不足,适时做出改变,最终成为一名能够真正为社会主义建设服务的现代化青年。更为重要的是,高职院校开展送法入社区的主题教育,实际上也是当前校社合作的新举措,这样可以让社会民众更好地了解社会主义法治的理念和精神,充分调动他们学习法律的积极性,对于社会主义和谐社会的建设大有裨益。

(三)打造校园法治文化建设品牌

利用网络新媒体,着力打造有影响力的校园法治文化建设品牌,"以点带面""点面结合",构建高职院校校园法治宣传的长效机制。当前的高职院校校园法治文化建设,可以借助网络新媒体,开展一系列的主题活动,如"法治联播""奔跑吧,法律人""法治大联欢""向往的生活,法治社会"等活动,类似于综艺形式的法治宣讲教育活动,活动形式清新幽默，诙谐轻松地将法治理念和法治精神讲解给社会公众。采取线上和线下相结合的方式，开展这些社会大众所喜闻乐见的法治教育活动，打造强有力的校园法治文化品牌，有利于引起社会群体的共鸣，激发起群众法治学习的热情，有利于我国社会主义法治国家的建设。

校园法治文化的品牌化建设是一项系统性工程，应当明确以下几点：首先，校园法治文化建设应当主题明确，凸显新时代“和谐社会”“公平正义”等价值理念。其次，开展人民群众喜闻乐见的校园法治文化是建设社会主义法治国家的必然要求，也是建设社会主义和谐社会的应有之义，更是依法治校的社会化体现。再次，品牌化法治文化的开展应当具有持续性，这一特殊性决定了校园法治文化建设需要经历一个漫长的发展过程，活动的常态化机制必不可少。最后，品牌化活动的内容应当具有特色，容易引起人们的共鸣，这样不仅有利于学生在轻松和谐的氛围中学习法律思维与法治理念，而且有利于法治理念在社会中传播。

综上所述，如何让大学生在国家法治进程中更好地服务社会，更好地实现人生价值，需要高职院校在最后的栖息地中营造良好的法治文化，为其注入旗帜鲜明的法治文化底色。在我国，旗帜鲜明的法治文化底色要充分体现党和国家在发展过程中的方向及要求，要充分体现党和社会主义的优越性。只有在这样的法治文化底色下，才更有利于大学生培养先进的法治思维，从而有利于其在全面依法治国进程中高效运用法律原则、法律规则处理工作与生活中遇到的问题。

参考文献

[1] 程宜康 . 高职院校质量文化管理研究 [M]. 南京：东南大学出版社，2021.

[2] 王文勇 . 现代高职院校全面质量管理创新研究 [M]. 北京：中国原子能出版社，2021.

[3] 赵晓洁 . 高职院校预算管理 [M]. 长春：吉林出版集团股份有限公司，2022.

[4] 朱艳军 . 高职院校教学管理研究 [M]. 长春：吉林人民出版社，2020.

[5] 张一平 . 高职院校教学管理概论 [M]. 北京：北京理工大学出版社，2020.

[6] 李文莲 . 高职院校管理研究与实践 [M]. 北京：北京理工大学出版社，2020.

[7] 王凯 . 和谐校园建设下高职院校学生管理研究 [M]. 长春：吉林出版集团股份有限公司，2021.

[8] 蒋丰伟 . 高职院校教师人力资源管理存在的问题及对策研究 [M]. 北京：中国纺织出版社，2020.

[9] 胡正明，何应林，方展画 . 优质高职院校建设理论与实践研究 [M]. 武汉：华中科技大学出版社，2019.

[10] 任一波 . 新时代高职院校学生工作的质量提升与机制创新研究 [M]. 长春：吉林人民出版社，2021.

[11] 艾楚君 . 大学生安全教育教程 [M].2 版 . 北京：北京理工大学出版社，2020.

[12] 单林波 . 高校教育管理体系构建研究 [M]. 北京：首都师范大学出版社，2022.

[13] 高健磊 . 新时期高校管理与发展路径探索 [M]. 北京：中国政法大学出版社，2021.

[14] 郭振勇，陈爱文，沈昌海 . 大学生安全教育与自我防范 [M]. 成都：西南交通大学出版社，2021.

[15] 贺明华，李岚，杨爱民 . 大学生安全教育 [M]. 北京：中国轻工业出版社，2020.

[16] 黄凯，郑琦 . 大学生安全教育 [M]. 长春：吉林人民出版社，2019.

[17] 孔养涛 . 大学生安全教育理论与实践 [M]. 北京：九州出版社，2019.

[18] 黎海楠，余封亮 . 高校学生管理与和谐校园 [M]. 长春：吉林出版集团股份有限公司，2021.

[19] 李晋 . 高校教师队伍建设与管理模式探究 [M]. 长春：吉林大学出版社，2022.

[20] 李强 . 高校财务管理与发展新探 [M]. 成都：电子科技大学出版社，2021.

[21] 李英霞，李玉侠 . 新时代大学生安全教育教程 [M].2 版 . 北京：中国人民大学出版社，2023.

[22] 李子德 . 大学生安全教育 [M]. 成都：电子科技大学出版社，2021.

[23] 梁丽肖 . 教育信息化背景下高校管理机制探究 [M]. 长春：吉林人民出版社，2021.

[24] 刘升泉 . 大学生安全教育 [M]. 长春：吉林大学出版社，2020.

[25] 刘思延，张潍纤，郑莹 . 高校教育教学管理实践与创新发展 [M]. 哈尔滨：哈尔滨出版社，2021.

[26] 刘治军，胡道敏，张华 . 新编大学生安全教育 [M]. 贵阳：贵州大学出版社，2020.

[27] 卢长征 . 大学生安全教育教程 [M]. 苏州：苏州大学出版社，2021.

[28] 聂娟 . 高校学生管理的艺术 [M]. 长春：吉林出版集团股份有限公司，2022.

[29] 石月皎 . 高校学生管理的法治化建设研究 [M]. 北京：北京工业大学出版社，2021.

[30] 孙连京 . 高校教学管理理论与实践 [M]. 南昌：江西高校出版社，2019.

[31] 吴驰，于俊清，王士贤 . 高校信息化建设与管理 [M]. 武汉：华中科技大学出版社，2020.

[32] 姚丹，孙洪波 . 高校教育信息化管理与学生管理工作 [M]. 北京：中国纺织出版社，2021.

[33] 张小军 . 高职院校财务管理的理论与实践 [M]. 昆明：云南大学出版社，2017.

[34] 匡玉清 . 高职院校教学全面质量管理研究 [M]. 长春：吉林人民出版社，2017.

[35] 汪炎珍 . 高职院校教师人力资源管理存在的问题及对策研究 [M]. 湘潭：湘潭大学出版社，2018.

[36] 王振洪 . 高职院校管理文化及其创新策略研究 [M]. 杭州：浙江大学出版社，2017.

[37] 苏建福 . 高职院校学生思想政治教育工作创新实践 [M]. 天津市：天津科学技术出版社，2017.

[38] 王晓江 . 高职院校专业建设的研究与实践 [M]. 西安：西北大学出版社，2014.

[39] 白永明，张立影 . 高职院校教学质量影响因素及提升路径 [J]. 职业技术教育，2021，42（17）：52-55.

[40] 包国军 . 关于开展大学生安全教育与急救技能教学的探讨 [J]. 科教文汇（上旬刊），2020（25）：28-29.

[41] 曹鹏飞，胡新岗 . 高职院校教学质量保证的现状、问题与对策 [J]. 教育教学论坛，2019（1）：225-227.

[42] 陈昶洁 . 全媒体时代大学生网络安全教育初探 [J]. 新闻前哨，2022（3）：71-72.

[43] 陈辉 . 基于"互联网 +"理念的中高职院校财务管理创新研究 [J]. 投资与合作，2020（4）：121-123.

[44] 陈阳，张麟华 ."互联网 +"视角下大学生安全教育的思考 [J].

办公自动化,2022,27(10):43-45.

[45] 崔曙辉 . 激励理论在高职院校教师管理中的应用 [J]. 新课程研究:下旬,2019(30):80-82.

[46] 樊沛鑫 . 新时代高职院校法治工作的路径探析 [J]. 中国高等教育,2021(C1):69-71.

[47] 佛朝晖,李金国,杨洪元 . 协同管理视角下高职院校教师科研能力提升 [J]. 教育与职业,2019(7):72-77.

[48] 耿三钧 . 高职院校教师法治思维和意识探索与分析 [J]. 学周刊,2023(14):52-54.

[49] 郭敬超 . 当代大学生安全教育活动开展策略分析 [J]. 山西青年,2021(17):73-74.

[50] 胡道明,黄志高 . 高职院校学生法治思维及其培育:现状与思考 [J]. 韶关学院学报,2022,43(11):46-51.

[51] 黄丹颖 . 加强和改进大学生安全教育的思考 [J]. 考试与评价,2020(2):84.

[52] 黄蔓青 . 高职院校财务管理信息化面临的困境与对策研究 [J]. 上海商业,2022(12):141-143.

[53] 敬仕强 . 新形势下高职院校法治教育的问题及对策研究 [J]. 中国科技期刊数据库科研,2022(12):16-18.

[54] 李梅菊,徐涛,李旭宏 . 在校大学生的信息安全教育方法研究 [J]. 福建电脑,2021,37(9):53-55.

[55] 李千乔 . 高职院校大学生网络意识形态安全教育探析 [J]. 连云港职业技术学院学报,2021,34(4):82-85.

[56] 李晓月,赵辉 . 高职院校学生管理与德育教育创新探析 [J]. 辽宁师专学报:社会科学版,2023(2):125-127.

[57] 梁艳媛,贺晓德 . 高职院校财务管理信息系统安全问题与应对措施探讨 [J]. 当代会计,2022(24):31-34.

[58] 刘梦云 . 高职院校业财融合存在的问题和应对措施 [J]. 经济学,2021,4(5):33-35.

[59] 刘晓聪 . 高职院校财务管理信息化面临的问题与解决对策 [J]. 大众投资指南,2023(10):107-109.

[60] 潘滢,王毅军 . 浅析高职院校教师培训制度 [J].2015(3):80-81.

[61] 裴忠贵，熊威．提升高职院校法治化水平对策研究 [J]. 机械职业教育，2019（2）：36–38.

[62] 丘丽丹．高职院校法治文化建设机制研究 [J]. 晋城职业技术学院学报，2019，12（1）：15–17.

[63] 唐小芬．基于以人为本思想的高职院校学生管理工作分析 [J]. 花炮科技与市场，2019（4）：100–101.

[64] 王丹．论高职院校学生法治教育的现状 [J]. 农家参谋，2020（11）：298.

[65] 王国光．全面质量管理视域下高职院校实践教学质量管理路径研究 [J]. 职教论坛，2021，37（11）：60–67.

[66] 王颖．以人为本思想在高职院校学生管理工作中的实践体会 [J]. 信息周刊，2019（52）：256.

[67] 吴珊珊．高职院校财务管理信息化建设探析 [J]. 现代营销：经营版，2020（7）：200–201.

[68] 周理远．人力资源管理视角下高职院校教师管理研究 [J]. 产业与科技论坛，2022，21（9）：281–283.

[69] 徐来．“互联网 +”背景下高职院校教学管理改革探析 [J]. 中国新通信，2023，25（6）：170–172.

[70] 张凡．高职院校学生法治观念培育路径探析 [J]. 高等继续教育学报，2022，35（3）：56–60.

[71] 赵国萌．高职院校财务管理工作创新路径分析 [J]. 理财·经论版，2018（4）：67–70.

[72] 张秀叶．基于“互联网 +”理念的中高职院校财务管理创新探析 [J]. 前卫，2022（6）：46–48.

[73] 张璇，李清杨．高职院校学生管理工作模式思考 [J]. 中学政治教学参考，2022（31）：98.